Léigh sa Bl

Leabhar

E

Joanne Kett   Ellie Ní Mhurchú

CJFallon
ESTABLISHED 1895

Foilsithe ag
CJ Fallon
Bloc B – Urlár na Talún
Campas Oifige Ghleann na Life
Baile Átha Cliath 22

An Chéad Eagrán Márta 2015
An tEagrán seo Márta 2020

ISBN: 978-0-7144-2066-0

I gcás corrcheann de na dánta sa leabhar seo, níor aimsíóipchirt. Cuirfear na gnáthshoscruithe I bhfeidhm, ach an t-eolas cuí a chur in iúl.

Clóbhuailte in Éirinn ag
Turner Print Group
Sráid an Iarlaí
An Longfort

Réamhra

Nuachúrsa Gaeilge don bhunscoil is ea *Léigh sa Bhaile* ina bhfuil tús áite tugtha don taitneamh, don tuiscint agus don teanga.

Déantar é seo tríd an léitheoireacht neamhspleách, laethúil, chomh maith leis an gcaint agus leis an gcomhrá. Is scéim an-éasca le leanúint í don mhúinteoir, don tuismitheoir agus don scoláire féin.

I ngach leabhar tá 120 leathanach de shleachta éagsúla léitheoireachta. Cloíonn na scéalta go dlúth leis na deich dtéama atá i gcuraclam na Gaeilge i modh óiriúnach agus baint acu le saol an pháiste féin. Clúdaítear gach téama go rialta agus go críochnúil don aoisghrúpa atá i gceist chun cabhrú le dul chun cinn na ndaltaí ó bhliain go bliain.

Gach oíche, seachas an Aoine, faigheann na páistí leathanach amháin le léamh agus an lá dar gcionn, fiosraíonn an múinteoir tuiscint an pháiste trí cheisteanna a chur ar an rang.

Spreagann sé seo comhrá ranga, comhrá beirte agus comhrá baile chomh maith, a chabhraíonn le dul chun cinn agus líofacht an pháiste sa teanga.

Déantar athdhéanamh straitéiseach i ngach leabhar agus de réir a chéile feicfidh tú go mbeidh foclóir agus frásaí in úsáid agat féin sa bhaile go rialta.

Introduction

Léigh sa Bhaile is a new series of Irish language books for primary school. They aim to develop reading fluency, comprehension skills and vocabulary development by encouraging *daily and independent* reading at home. Each book consists of 120 single page units, with a variety of styles and genres. Each of the ten themes of the curriculum is covered regularly to ensure development of the theme throughout the school year. These vibrant, interesting and modern books are designed to be easily used by teachers, parents and the children at each level.

The *Léigh sa Bhaile* series encourages daily reading practice, which is a key element in promoting literacy. It allows for consistency and constant progression from year to year. The Series aims to develop not only the children's reading and comprehension skills, but their oral skills also. It has a modern approach to learning and to developing the language.

How to use *Léigh sa Bhaile*

Children are assigned one page of reading for homework each day of the week, except Friday. The teacher can check the reading ability the following day by orally asking the questions provided on each page. Class discussion can also be used to help develop the oral language skills of the children.

Clár

CLÁR   v

Rang a Cúig

Dia duit. Is mise Ciara.
Táim deich mbliana d'aois.
Táim i mo chónaí i gCill Dara.
Seo í mo scoil, scoil Naomh Bríd.

Táim i rang a cúig anois.
Seo é mo mhúinteoir nua.
An tUasal Ó Briain is ainm dó.

Fáilte go dtí
rang a cúig

7

Tá éide scoile againn agus is maith liom í.
Caithimid léine agus stocaí bána, geansaí
liath agus sciorta gorm.

Tá cairde deasa agam.
Is breá liom an scoil.

CEISTEANNA

1 **Cá bhfuil Ciara ina cónaí?** *(Where does Ciara live?)*
2 **Cén aois í?** *(What age is she?)*
3 **Cén rang ina bhfuil sí?** *(What class is she in?)*
4 **Déan cur síos ar an éide scoile.** *(Describe the school uniform.)*
5 **An maith léi an scoil?** *(Does she like school?)*

FOCLÓIR

éide scoile *school uniform*
caithimid *we wear*   **léine** *shirt*

Iníon Ní Riain

Dia duit.
Is mise Iníon Ní Riain.
Tá gruaig fhada dhonn orm agus súile gorma agam.
Is múinteoir mise.
Táim ag obair i scoil mhór i lár na cathrach.
Tá mé i mo chónaí in árasán.
Tá dhá sheomra codlata ann, cistin agus seomra suí.
Tá oifig bheag agus seomra folctha ann freisin.

Gafa le Mata

Ó, féach ar an am, tá sé in am dul ar scoil.
Slán go fóill.

CEISTEANNA

1 **Cad is ainm don bhean?** (What is the woman's name?)
2 **Cén dath atá ar a cuid gruaige?** (What colour is her hair?)
3 **Cá bhfuil sí ag obair?** (Where does she work?)
4 **Cá bhfuil sí ina cónaí?** (Where does she live?)
5 **Inis dom faoin árasán.** (Tell me about the apartment.)

FOCLÓIR

fada *long*
is múinteoir mise *I'm a teacher*
i lár na cathrach *in the centre of the city*
árasán *apartment*
slán go fóill *goodbye for now*

Mo Chéad Lá i Rang a Cúig

> Dia duit arís. Seo é mo sheomra ranga.
> Táim i mo shuí in aice le Cormac agus Sarah.
> Táimid ag scríobh.
> Tá gach duine ag obair go dian.

> Tá an múinteoir sona sásta.
> Táimid ag scríobh faoin ár gcuid laethanta saoire.
> Tá mise ag scríobh faoi mo chuid laethanta saoire ag campáil sa Fhrainc.
> Tá cead agam pictiúr a tharraingt nuair a táim críochnaithe ag scríobh.

CEISTEANNA

1 Cá bhfuil Ciara? *(Where is Ciara?)*
2 An bhfuil sí ina suí in aice le Cormac? *(Is she sitting beside Cormac?)*
3 An bhfuil sí ag léamh? *(Is she reading?)*
4 An bhfuil an múinteoir míshásta? *(Is the teacher unhappy?)*
5 Cad faoi a bhfuil Ciara ag scríobh? *(What is Ciara writing about?)*

FOCLÓIR

arís	*again*	in aice le	*beside*
táimid	*we are*		
ag obair go dian	*working hard*		
laethanta saoire	*holidays*		
tá cead agam	*I'm allowed*		

Mo Chuid Laethanta Saoire

Chuaigh mé thar lear ar mo chuid laethanta saoire.
Chuaigh mé agus mo chlann ag campáil sa Fhrainc.
D'imíomar ann ar an mbád.
Shroicheamar an t-ionad campála ag a hocht a chlog san oíche.
Bhíomar tuirseach traochta.

Bhí an t-ionad campála ar fheabhas.
Bhí carbháin, pubaill, leithris agus seomraí cithfholctha ann.
Bhí seomra cluichí, cúirteanna leadóige agus linn snámha ann freisin.
Bhí an aimsir go hálainn an t-am ar fad.
Thaitin an tsaoire go mór liom.

CEISTEANNA

1 **Cá ndeachaigh sí ar a cuid laethanta saoire?**
(*Where did she go on her holidays?*)

2 **Conas a thaistil sí ann?** (*How did she travel there?*)

3 **Cathain a shroich sí an t-ionad campála?**
(*When did she reach the campsite?*)

4 **Conas a bhí an t-ionad campála?** (*How was the campsite?*)

5 **Conas mar a bhí an aimsir?** (*How was the weather?*)

FOCLÓIR

thar lear *abroad*
d'imíomar *we went*
shroicheamar *we reached*
ionad campála *campsite*
pubaill *tents*
seomraí cithfholctha *shower rooms*
cúirteanna leadóige *tennis courts*
an t-am ar fad *the whole time*

Litir Chuig Cara Pinn

Dia duit!

Conas atá tú?'
Alfie is ainm dom, cad is ainm duit?
Tá mé i rang a cúig, cén rang ina bhfuil tú?
Tá mé aon bhliain déag d'aois, cén aois thú?
Tá deartháir amháin agam agus tá beirt
deirfiúracha agam.
Cé mhéad deartháir nó deirfiúr atá agat?
Tá mé i mo chónaí i gContae Phort Láirge.
Cá bhfuil tusa i do chónaí?

Slán go fóill,
Alfie

CEISTEANNA

1 **Cad is ainm don bhuachaill?** *(What is the boy's name?)*
2 **Cén rang ina bhfuil sé?** *(What class is he in?)*
3 **Cén aois é?** *(What age is he?)*
4 **Cé mhéad deartháir agus deirfiúr atá aige?**
   (How many brothers and sisters has he?)
5 **Cé mhéad deartháir agus deirfiúr atá agat?**
   (How many brothers and sisters have you?)

FOCLÓIR

cara pinn *pen pal*
deartháir *brother*
deirfiúr *sister*

Uibheagán

Comhábhair: Tá uibheacha, ciúbanna bagúin, oinniún agus trátaí gearrtha ag teastáil.

Céimeanna

1 Measc na huibheacha i mbabhla.

2 Déan friochadh ar an mbagún agus ar an oinniún ar feadh trí nóiméad.

3 Cuir na huibheacha agus na trátaí isteach ar bharr an bhagúin agus an oinniúin.

4 Déan cócaráil air ar feadh trí nó ceithre nóiméad.

5 Críochnaigh faoin ngríoscán é ar feadh ceithre nóiméad eile.

6 Cuir ar phláta é agus ith é!

CEISTEANNA

1 Cad iad na comhábhair atá ag teastáil?
(What ingredients are needed?)

2 Cad í céim a haon? *(What is the first step?)*

3 Cad í céim a dó? *(What is the second step?)*

4 Cad í céim a ceathair? *(What is the fourth step?)*

5 Cad í céim a cúig? *(What is the fifth step?)*

FOCLÓIR

uibheagán *omelette*		
comhábhair *ingredients*		
ciúbanna *cubes*	**déan friochadh ar** *fry*	
ar bharr *on top*	**déan cócaráil air** *cook it*	
faoin ngríoscán *under the grill*		

Caisleán Gainimh

Bhí an chlann ag an trá.
Lá breá grianmhar a bhí ann. Ní raibh scamall sa spéir.
Bhí an trá dubh le daoine.
Bhí siad ag snámh agus ag spraoi san fharraige.
Chaith an chlann an tráthnóna ar fad ag tógáil caisleáin gainimh.
Caisleán an-mhór a bhí ann.
Bhí slua ag féachaint air agus ag glacadh grianghraf.

CEISTEANNA

1 **Cá raibh an chlann?** *(Where was the family?)*
2 **Cén saghas aimsire a bhí ann?**
   (What type of weather was there?)
3 **An raibh an trá dubh le daoine?** *(Was the beach packed?)*
4 **Céard a chaith siad an tráthnóna á dhéanamh?**
   (What did they spend the afternoon doing?)
5 **An raibh slua mór ag féachaint orthu?**
   (Was a big crowd watching them?)

FOCLÓIR

caisleán gainimh *sandcastle*
dubh le daoine *packed with people*
slua *crowd*
grianghraf *photograph*

SPÓRT

Is maith liom gach spórt,
Is maith liom a bheith ag spraoi!
Is maith liom leadóg
agus rugbaí.

Liathróidí beaga
Nó liathróidí móra,
Is má tá sé curtha ar ceal,
Tagann na deora!

Bíonn spórt ar siúl agam
Gach lá do mo shaol,
Is leanfaidh mé ag imirt
Go dtí go mbeidh mé sean agus maol!

Le Ellie Ní Mhurchú

GNÍOMH

Foghlaim an dán. *(Learn the poem.)*

FOCLÓIR

curtha ar ceal *postponed*
deora *tears*
leanfaidh mé *I will continue*
maol *bald*

Pian Uafásach!

Am lóin a bhí ann.
Bhí Niamh ag caint lena cairde sa chlós.

Go tobann, bhí pian uafásach ina béal aici.
Bhí imní ar a cairde.

Chuir Maya glaoch ar an múinteoir.

Shiúil siad suas go dtí an oifig.
Chuir an rúnaí glaoch ar a Mamaí.

Nuair a tháinig sí, chuaigh siad ar nós na gaoithe go dtí an fiaclóir.
Bhí imní ar Niamh bhocht.

CEISTEANNA

1 **Cen t-am a bhí ann?** *(What time was it?)*
2 **Cá raibh Niamh?** *(Where was Niamh?)*
3 **Cad a tharla go tobann?** *(What happened suddenly?)*
4 **Cé a chuir glaoch ar an múinteoir?** *(Who called the teacher?)*
5 **Cá ndeachaigh Niamh agus a Mamaí?**
   (Where did Niamh and her Mammy go?)

FOCLÓIR

go tobann *suddenly*
pian uafásach *horrible pain*
an rúnaí *the secretary*
ar nós na gaoithe *as fast as the wind*

Comórtas Bácála na hÉireann (1)

Panel 1: Anocht ar an gclár, níl ach triúr fós fágtha sa chomórtas. Tá oraibh cáca an-speisialta a bhácáil anocht. Tá cúig huaire an chloig agaibh. Bígí ag bácáil!

Panel 2: A Chonaill, conas atá tú anocht?

Ó, táim neirbhíseach, an-neirbhíseach. Féach ar mo lámh!

Ná bíodh imní ort, beidh tú ceart go leor.

Panel 3: Tá Amy an-ghnóthach! Feicfidh mé thú tar éis tamaill, a Amy.

Panel 4: A Emma, an bhfuil tú ceart go leor?

Níl a fhios agam, tá gach rud dearmadta agam!

Panel 5: Bhuel, tá sé an-te sa chistin anocht. Beimid ar ais tar éis sos beag.

CEISTEANNA

1 **Cé mhéad duine atá fós sa chomórtas?**
(How many people are still in the competition?)

2 **An bhfuil na daoine neirbhíseach?** (Are the people nervous?)

3 **Conas atá Conall?** (How is Conall?)

4 **Conas atá Amy?** (How is Amy?)

5 **An bhfuil sé te nó fuar sa chistin?** (Is it hot or cold in the kitchen?)

FOCLÓIR

an-neirbhíseach *very nervous*
tá gach rud dearmadta agam
I have forgotten everything

Ceacht Gaeilge

Cuirigí ceisteanna ar bhur gcairde, a pháistí.

Cá bhfuil tú i do chónaí?

Tá mé i mo chónaí i nGaillimh.

An maith leat do cheantar?

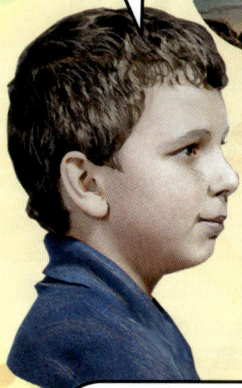

Inis dom faoi do theach!

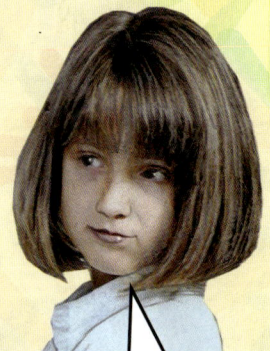

Is breá liom é. Tá mo theach cois farraige. Tá sé go hálainn.

Is teach dhá stór é. Tá trí sheomra codlata ann, seomra suí agus cistin mhór. Tá seomra folctha thuas staighre agus leithreas thíos staighre.

An bhfuil gairdín agat?

CEISTEANNA

1 **Cá bhfuil Eva ina cónaí?** *(Where does Eva live?)*
2 **Cén saghas tí atá aici?**
   (What sort of house does she have?)
3 **Cé mhéad seomra codlata atá ann?**
   (How many bedrooms are there in it?)
4 **An bhfuil gairdín os comhair an tí?**
   (Is there a garden in front of the house?)
5 **An bhfuil gairdín ar chúl an tí?**
   (Is there a garden at the back of the house?)

Tá gairdín beag os comhair an tí agus gairdín mór ar chúl an tí.

FOCLÓIR

do cheantar *your area*	**cois farraige** *by the sea*
os comhair *in front of*	**ar chúl** *behind*

Fleadh Cheoil

Chuaigh an chlann go dtí an fhleadh cheoil don deireadh seachtaine.
Bhí sí ar siúl i gCorcaigh.
Bhí an-chuid daoine ag seinm ceoil is ag rince ar na sráideanna.

Bhí Áine ag seinm ceoil oíche Dé hAoine i lár na cathrach.

Bhí Daidí ag seinm ceoil oíche Dé Sathairn san ionad ceoil.

Bhí Seán ag rince tráthnóna Dé Domhnaigh sa scoil.

CEISTEANNA

1 Cá ndeachaigh an chlann don deireadh seachtaine?
   (Where did the family go for the weekend?)
2 Cá raibh an fhleadh cheoil ar siúl? (Where was the fleadh on?)
3 Cá raibh Áine ag seinm ceoil? (Where was Áine playing music?)
4 Cá raibh Daidí ag seinm ceoil? (Where was Dad playing music?)
5 Cá raibh Seán ag rince? (Where was Seán dancing?)

FOCLÓIR

ag seinm ceoil *playing music*
i lár na cathrach *in the city centre*
ionad ceoil *music centre*
ag rince *dancing*

Músaem Ealaíne

Dé Máirt a bhí ann.
Bhí sé ag stealladh báistí.
Bhí Mamaí agus Daidí ag dul chuig an músaem ealaíne.
Fuair siad an traein isteach go lár na cathrach.

Chonaic siad a lán pictiúr álainn. Chaith siad trí huaire an chloig ag siúl timpeall an mhúsaeim.

Bhí cupán tae agus scóna acu sa chaife.
Ag a ceathair a chlog, chuaigh siad abhaile.

CEISTEANNA

1 **Cén lá a bhí ann?** *(What day was it?)*
2 **An raibh sé ag stealladh báistí?** *(Was it lashing rain?)*
3 **Cá raibh Mamaí agus Daidí ag dul?**
   (Where were Mammy and Daddy going?)
4 **An raibh cupán tae acu?** *(Did they have a cup of tea?)*
5 **Cén t-am a chuaigh siad abhaile?**
   (What time did they go home?)

FOCLÓIR

ag stealladh báistí *lashing rain*
scóna *scone*

Cluiche Ceannais na hÉireann

Bhí an baile ar fad ar bís.
Bhí bratacha i ngach áit.
Lá an chluiche ceannais peile a bhí ann.
Bhí an chlann ag dul go dtí Páirc an Chrócaigh ar an traein.
Bhí dathanna a chontae féin á gcaitheamh ag gach duine.
Bhí an traein lán le lucht tacaíochta ag dul chuig an gcluiche.
Cluiche iontach a bhí ann.
Chríochnaigh sé ar chomhscór.

CEISTEANNA

1 **An raibh an baile ar fad ar bís?**
   (Was the whole town excited?)

2 **Céard a bhí ar siúl?** *(What was happening?)*

3 **Cá raibh an chlann ag dul?** *(Where was the family going?)*

4 **Cad iad na dathanna a bhí ar gach duine?**
   (What colours was everyone wearing?)

5 **Conas a chríochnaigh an cluiche?**
   (How did the match end?)

FOCLÓIR

Cluiche Ceannais na hÉireann *All-Ireland Final*
bratacha *flags* **i ngach áit** *everywhere*
dathanna a chontae féin *his own county colours*
comhscór *draw*

Tábla Sraithe

	Foireann	Imeartha	Buaite	Comhscór	Caillte	Pointí
	Manchester United	4	4	0	0	12
	Liverpool	4	3	1	0	10
	Chelsea	4	3	0	1	9
	Everton	4	2	1	1	7
	Arsenal	4	2	1	1	7

CEISTEANNA

1 Cé mhéad cluiche atá buaite ag Manchester United?
(How many games have Manchester United won?)

2 Cé mhéad cluiche atá imeartha ag Liverpool?
(How many games have Liverpool played?)

3 Cé mhéad pointe atá ag Chelsea?
(How many points do Chelsea have?)

4 Cé mhéad foireann atá sa tábla sraithe?
(How many teams are on the league table?)

Cuir ceisteanna eile mar seo ar do chara.

Cé mhéad cluiche atá imeartha/buaite/caillte ag
_____ ? Tá _____ cluichí imeartha/buaite/caillte ag _____ .

FOCLÓIR

foireann *team*　　imeartha *played*
buaite *won*　　comhscór *draw*
caillte *lost*

Carnabhal

Dé Sathairn a bhí ann agus bhí carnabhal ar siúl sa bhaile don deireadh seachtaine.

Bhí sceitimíní áthais ar na páistí.

Bhailigh siad le chéile ag an scoil agus shiúil siad ann.

Bhí puball mór ann, bhí stainníní bia ann agus bhí a lán marcaíochtaí siamsaíochta éagsúla ann.

Chuaigh na páistí ar mharcaíocht siamsaíochta agus d'imir siad cluichí an tráthnóna ar fad.

Bhuaigh Emer iasc órga mar dhuais i gcluiche amháin.

Bhuaigh Conor teidí ollmhór mar dhuais i gcluiche eile.

Ag a cúig a chlog, bhailigh mamaí Dhónaill iad.

Bhí lá iontach acu.

CEISTEANNA

1 **Céard a bhí ar siúl sa bhaile don deireadh seachtaine?**
   (What was happening in the town for the weekend?)
2 **Cár bhailigh siad le chéile?** *(Where did they gather together?)*
3 **Céard a bhí ann?** *(What was there?)*
4 **Céard a bhuaigh Emer?** *(What did Emer win?)*
5 **Cé a bhailigh iad?** *(Who collected them?)*

FOCLÓIR

puball *tent*	**stainníní bia** *food stalls*
marcaíochtaí siamsaíochta *amusement rides*	
iasc órga *goldfish*	**ollmhór** *huge*

Ag Snámh

Dia duit. Is mise Rosie. Seo é mo dheartháir Sam.
Is breá liom a bheith ag snámh.
Téim ag snámh gach maidin Sathairn.
Téann Sam in éineacht liom.
Is maith leis a bheith ag snámh freisin, ach is
fearr leis sacar ná rud ar bith eile.

Bíonn culaith shnámha, caipín snámha, tuáille agus
gloiní cosanta ag teastáil uaim nuair a théim ag snámh.
Tá sé in am dul ag snámh anois.
Slán leat.

CEISTEANNA

1 **Cad is ainm don chailín?** *(What is the girl's name?)*
2 **An maith léi a bheith ag snámh?** *(Does she like to swim?)*
3 **Cathain a théann sí ag snámh?** *(When does she go swimming?)*
4 **An maith le Sam a bheith ag snámh?** *(Does Sam like to swim?)*
5 **Cad atá ag teastáil ó Rosie nuair a théann sí ag snámh?**
   (What does Rosie need when she goes swimming?)

FOCLÓIR

culaith shnámha *swimsuit*
tuáille *towel*
gloiní cosanta *goggles*

An Phictiúrlann

Ar mhaith leat dul go dtí an phictiúrlann?

Ba mhaith, Ross.

Cén scannán ar mhaith leat a fheiceáil?

Níl a fhios agam. Cad atá ar siúl?

Tá an scannán Lego ar siúl. Ta sé ag tosú ag a trí a chlog.

Ar mhaith leat dul go dtí an siopa roimh an scannán?

Ba mhaith – tá airgead póca agam.

Ceart go leor. Feicfidh mé thú ag a leathuair tar éis a dó os comhair shiopa na pictiúrlainne.

Ceart go leor, beidh mé ann. Slán go fóill.

Slán leat.

CEISTEANNA

1 **Ar mhaith le Ross dul go dtí an phictiúrlann?**
   (Does Ross want to go to the cinema?)
2 **Cén scannán atá ar siúl?** (What film is on?)
3 **Cén t-am a thosaíonn an scannán?** (What time does the film start?)
4 **Ar mhaith le Ross dul go dtí an siopa?**
   (Does Ross want to go to the shop?)
5 **An bhfuil airgead ag Ross?** (Does Ross have money?)

FOCLÓIR

ag tosú *starting*
airgead póca *pocket money*

An Deireadh Seachtaine

Is maith liom an deireadh
seachtaine
Mar bíonn sos agam ón scoil
Fanaim im'shuí san oíche
Gan obair bhaile, le do thoil!

Féachaim ar an teilifís
Má éirímse go moch
Ach b'fhearr liom go mór mo
ríomhaire
Má bhíonn an aimsir fliuch.

Taitníonn an chispheil liom
Le mo chairde roimh am lóin
Ach is fearr liom cluiche peile leo
Uair éigin san iarnóin.

Ní maith liom an leadóg
Mar ní cluiche foirne é
B'fhearr liom a bheith
im'pheileadóir
Is beidh, le cúnamh Dé.

Le hÉamonn Ó Riordáin

GNÍOMH

Léigh agus foghlaim an dán. *(Read and learn the poem.)*

FOCLÓIR

go moch *early*   taitníonn *enjoy*
uair éigin *sometime*
cluiche foirne *team sport*

Seó Tallainne

Oíche Dé hAoine a bhí ann agus bhí an chlann ar
fad sa bhaile.
Bhí Mamó agus Daideo ar cuairt.
Bhí an chlann ar bís.
Rinne na páistí seó tallainne don chlann.
Rinne Máire rince.
Sheinn Jack an pianó.
Rinne Pól taecuando.
Rinne Fia píosa aisteoireachta.
Thug gach duine bualadh bos mór dóibh.

CEISTEANNA

1 Cé a bhí ar cuairt? (Who was visiting?)
2 Céard a rinne na páistí? (What did the children do?)
3 Céard a rinne Máire? (What did Máire do?)
4 Céard a rinne Pól? (What did Pól do?)
5 Céard a rinne Fia? (What did Fia do?)

FOCLÓIR

seó tallainne *talent show*
taecuando *tae kwon do*
píosa aisteoireachta *some acting*

Lá gan Éide Scoile

Dhúisigh Freya go luath.
Bhí sí ar bís. Lá gan éide scoile a bhí ann!
Ghléas sí i sciorta buí agus t-léine bhán agus chorcra.
Chuir sí uirthi a bróga reatha nua agus rith sí síos an staighre.
Bhí seaicéad deinime agus ceannbhanda ar chúl an dorais.
Chuir sí uirthi iad.
D'fhéach sí sa scáthán. Bhí sí lánsásta lena cuid éadaigh.
Chuaigh sí amach an doras go dtí an scoil.

CEISTEANNA

1. **Ar dhúisigh Freya go luath?** *(Did Freya wake up early?)*
2. **Cén fáth a raibh sí ar bís?** *(Why was she excited?)*
3. **Conas a ghléas sí?** *(How did she dress?)*
4. **Cá raibh an seaicéad deinime agus an ceannbhanda?**
   (Where were the denim jacket and the headband?)
5. **Cá ndeachaigh sí?** *(Where did she go?)*

FOCLÓIR

bróga reatha *runners*
seaicéad deinime *denim jacket*
ceannbhanda *headband*
cúl an dorais *back of the door*
scáthán *mirror*

Rás Rothaíochta

Dé Domhnaigh a bhí ann.
Beidh Mark agus Daidí ag rothaíocht i rás mór inniu.
Chuir Daidí an dá rothar agus na clogaid sa charr.
D'ith siad babhla leite don bhricfeasta agus thug siad banana agus uisce leo.
Bhí siad an-neirbhíseach.

Thosaigh an rás ag a deich a chlog agus chríochnaigh sé ag a trí a chlog.
Bhí rás maith acu ach níor bhuaigh siad é.

CEISTEANNA

1 Céard a bhí ar siúl? *(What was on?)*
2 Céard a chuir Daidí sa charr? *(What did Dad put in the car?)*
3 Céard a d'ith siad don bhricfeasta?
   (What did they eat for breakfast?)
4 Cén t-am a thosaigh an rás? *(What time did the race start?)*
5 Ar bhuaigh siad an rás? *(Did they win the race?)*

FOCLÓIR

clogaid *helmets*
babhla leite *bowl of porridge*
an-neirbhíseach *very nervous*
níor bhuaigh siad *they didn't win*

Tour de France

Is é Tour de France an rás rothaíochta is mó ar domhan.

Bíonn sé ar siúl ar feadh 23 lá.

Tosaíonn an rás i gcathair dhifriúil gach aon bhliain.

I gcónaí críochnaíonn an rás i bParás.

Gach lá caitheann an duine atá ag buachan an rása an geansaí buí.

Gach lá den rás caitheann an duine is fearr i measc na ndaoine óga an geansaí bán.

Gach lá den rás caitheann an dreapadóir is fearr an geansaí polcaphoncach.

CEISTEANNA

1 Cé mhéad lá a bhíonn Tour de France ar siúl?
(How many days does the Tour de France last?)

2 Cá gcríochnaíonn sé gach bliain?
(Where does it finish every year?)

3 Cé a chaitheann an geansaí buí? *(Who wears the yellow jersey?)*

4 Cé a chaitheann an geansaí bán? *(Who wears the white jersey?)*

5 Cé a chaitheann an geansaí polcaphoncach?
(Who wears the polka dot jersey?)

FOCLÓIR

is mó ar domhan *biggest in the world*
ag buachan *winning*
gach lá *every day*
dreapadóir *climber*
polcaphoncach *polka dot*

Cuir Glaoch ar 999!

Bhí Callum agus Tomás ag siúl abhaile ón scoil.
Chonaic siad teach trí thine ar an mbealach.
Chuir Tomás glaoch ar 999.

Dia duit, an féidir liom cabhrú leat?

Tá teach trí thine, tá teach trí thine!

Ceart go leor. An bhfuil tú istigh sa teach?

Nílim, tá mé trasna an bhóthair uaidh.

Go maith, fan ansin. Cá bhfuil tú?

Bóthar Buí

Tá mé ar an mBóthar Buí, os comhair an tsiopa cheoil, tá an teach trí thine ar an taobh eile den bhóthar!

Go maith, táimid ar an mbealach, ná bíodh imní ort. Maith an buachaill. Slán leat.

CEISTEANNA

1 **Cé a bhí ag siúl abhaile?** *(Who was walking home?)*
2 **Cad a chonaic siad?** *(What did they see?)*
3 **Cad a rinne Tomás?** *(What did Tomás do?)*
4 **Cad a d'iarr an bhean ar an bhfón ar dtús?**
   (What did the woman on the phone ask first?)
5 **Cá raibh an teach trí thine?** *(Where was the house on fire?)*

FOCLÓIR

teach trí thine *house on fire*
ar an mbealach *on the way*
cabhrú *help*
ar an taobh eile *on the other side*

An Tuile

Bhí an aimsir go dona ag an deireadh seachtaine.
Bhí sé ag cur báistí gan stad.
Ní raibh Nathan ábalta dul amach mar bhí sé rófhliuch.

Bháigh an abhainn an sráidbhaile. Bhí an t-uisce i ngach áit.

Tháinig an bhriogáid dóiteáin agus na saighdiúirí. Chabhraigh siad le duine ar bith a bhí i dtrioblóid.

Stop an bháisteach tar éis dhá lá, buíochas le Dia. Bhí a lán daoine ar na sráideanna ag glanadh suas tar éis na tuile.

CEISTEANNA

1. **Conas a bhí an aimsir?** (How was the weather?)
2. **Cén fáth nach raibh Nathan ábalta dul amach?** (Why was Nathan not able to go out?)
3. **Cad a tharla don sráidbhaile?** (What happened to the village?)
4. **Cá raibh an t-uisce?** (Where was the water?)
5. **Ar tháinig na Gardaí?** (Did the Gardaí come?)

FOCLÓIR

an tuile *the flood*   **go dona** *bad*
rófhliuch *too wet*
bháigh an abhainn an sráidbhaile
the river flooded the village
briogáid dóiteáin *fire brigade*
saighdiúirí *soldiers*
i dtrioblóid *in trouble*
ag glanadh suas *cleaning up*

Lá Stoirmiúil

Éist leis an ngaoth
Ag sracadh na nduilleog
Éist leis an mbáisteach
Ag clagairt ar na fuinneoga
Féach ar na tonnta
Ag briseadh thar an mballa
Féach ar an duine bocht
Cromtha in aghaidh an ghála.
Brón ar na páistí
Ag fanacht taobh istigh
Ach áthas ar na lachain
Ag snámh sa linn amuigh.

Le Maebh Ní Chárthaigh

GNÍOMH

Léigh agus foghlaim an dán. *(Read and learn the poem.)*

FOCLÓIR

ag sracadh	*dragging*	ag clagairt	*pelting*
tonnta	*waves*	cromtha	*bent*

Na Fianna

Bhí arm speisialta ag na ríthe in Éirinn fadó.
Na Fianna ab ainm dóibh.
Bhí siad an-chróga agus láidir.
Bhí siad iontach ag troid agus ag fiach.
Chaith siad a lán ama ag léamh.
Chaith siad an t-am amuigh faoin aer ag iascaireacht.
D'fhan siad le daoine difriúla nuair a bhí an aimsir go dona.
Níor fhan siad rófhada in áit amháin riamh.

CEISTEANNA

1 **Cén t-ainm a bhí ar an arm speisialta?**
   (What was the name of the special army?)
2 **Cén sórt daoine a bhí iontu?** *(What sort of people were they?)*
3 **An raibh siad go maith ag troid?** *(Were they good at fighting?)*
4 **Cár fhan siad nuair a bhí an aimsir go dona?**
   (Where did they stay when the weather was bad?)
5 **Ar mhaith leatsa a bheith sna Fianna?**
   (Would you like to be in the Fianna?)

FOCLÓIR

arm speisialta *special army*
an-chróga *very brave*   **láidir** *strong*
ag troid *fighting*   **ag fiach** *hunting*
d'fhan siad *they stayed*

Tine Chnámh

Bhí Oíche Shamhna ag teacht.
Bhí na páistí ar bís.
Bhí siad ag bailiú adhmaid gach aon lá don tine chnámh.
Oíche Shamhna, las an fear dóiteáin an tine chnámh.
Sheas na daoine fásta in aice leis an tine agus thug siad
aire do na páistí.
Bhí an tine chnámh beagnach chomh hard leis na tithe.
D'fhéach na páistí ar an tine ar feadh dhá uair an chloig.

CEISTEANNA

1 **Céard a bhí ag teacht?** *(What was coming?)*
2 **Céard a bhí á bhailiú ag na páistí?**
(What were the children collecting?)
3 **Cé a las an tine chnámh?** *(Who lit the fire?)*
4 **Cé a sheas in aice leis?** *(Who stood beside it?)*
5 **Céard a rinne na páistí?** *(What did the children do?)*

FOCLÓIR

tine chnámh *bonfire*
ag bailiú adhmaid *collecting wood*
fear dóiteáin *fireman*
thug ___ aire do ___ *minded ___*

Ag Maisiú an Tí

Is breá le Mamaí Oíche Shamhna.
Gach bliain maisíonn sí an teach.
Cuireann sí líon damháin alla taobh amuigh den teach le damháin alla bréagacha iontu.
Cuireann sí soilse puimcín ar an díon.
Crochann sí cnámharlach den doras.
Cuireann sí puimcíní le coinneal in aice le doras an tí.
Gach bliain gléasann sí suas mar chailleach agus tugann sí milseáin, cnónna agus torthaí amach do na páistí.

CEISTEANNA

1 **An maith le Mamaí Oíche Shamhna?**
   (Does Mammy like Halloween?)

2 **Céard a chuireann sí taobh amuigh den teach?**
   (What does she put outside the house?)

3 **Céard a chuireann sí ar an díon?** *(What does she put on the roof?)*

4 **Céard a chrochann sí den doras?** *(What does she hang from the door?)*

5 **Conas a ghléasann sí?** *(How does she dress?)*

FOCLÓIR

líon damháin alla *spider's web*
bréagach *fake*
soilse puimcín *pumpkin lights*
díon *roof*
crochann sí *she hangs*
cnámharlach *skeleton*
coinneal *candle*

Na Míonna

Eanáir, Feabhra,
Calóga sneachta ramhra.

Márta, Aibreán,
Uibheacha Cásca is bolg lán.

Bealtaine, Meitheamh,
Saoire ag teacht - táimid ar bís!

Iúil, Lúnasa,
Saor ón scoil is laethanta deasa.

Meán Fómhair, Deireadh Fómhair,
Taibhsí is púcaí ag dul thar fóir.

Samhain, mí na Nollag,
Cáca is turcaí i mo bholg.

Le hEithne Ní Dhubhghaill

GNÍOMH

Léigh agus foghlaim an dán. *(Read and learn the poem.)*

FOCLÓIR

calóga sneachta *snowflakes*	
ramhar *fat*	bolg lán *full tummy*
taibhsí *ghosts*	thar fóir *over the top*

Ag Siopadóireacht

Bíonn cóisir Oíche Shamhna ag Clann Uí Dhroma gach bliain.
Déanann Mamaí an tsiopadóireacht.
Téann na páistí léi chun cabhrú léi.
Ceannaíonn sí cnónna, torthaí agus milseáin do
na páistí a bhuaileann isteach chuig an teach.
Déanann sí curaí agus cístí do na daoine
a bhíonn ag an gcóisir.

Gléasann gach duine suas.
Imríonn gach duine cluichí Oíche Shamhna.
Bíonn an-spraoi ag gach duine.

CEISTEANNA

1 **Céard a bhíonn ag Clann Uí Dhroma gach bliain?**
   (What does the Drumm family have each year?)
2 **Cé a dhéanann an tsiopadóireacht?** *(Who does the shopping?)*
3 **Céard a cheannaíonn sí?** *(What does she buy?)*
4 **An ngléasann gach duine suas?** *(Does everybody dress up?)*
5 **Céard a imríonn siad?** *(What do they play?)*

FOCLÓIR

chun cabhrú *to help*
a bhuaileann isteach *who call(s) in*
cístí *cakes*

Púca Beag

Tá páipéar leithris, páipéar síprise bán, píosa sreinge, súile, gliú agus peann dubh ag teastáil.

1 Roll suas píosa de pháipéar leithris i liathróid bheag.

2 Fill píosa de pháipéar síprise thar an liathróid.

3 Ceangail é le píosa sreinge faoin liathróid agus lig do phíosaí titim síos.

4 Greamaigh na súile ar an bpáipéar síprise agus cuir ciorcal mar bhéal ar aghaigh an phúca.

5 Croch i do theach é nó ar fhuinneog sa seomra ranga!

CEISTEANNA

1 **Céard atá ag teastáil?** (What do you need?)
2 **Céard í céim a haon?** (What is step one?)
3 **Céard í céim a trí?** (What is step three?)
4 **Céard í céim a ceathair?** (What is step four?)
5 **Céard í céim a cúig?** (What is step five?)

FOCLÓIR

páipéar leithris	*toilet paper*	páipéar síprise	*crêpe paper*
roll suas	*roll up*	píosa sreinge	*piece of string*
titim síos	*fall down*	greamaigh	*stick*

Cuairt ar an bhFiaclóir

Suigh síos agus ná bíodh imní ar bith ort.

Bhí Niamh agus a Mamaí sa seomra feithimh.
Bhí imní fós ar Niamh.
Dúirt an fáilteoir go mbeadh sí ceart go leor, ach ní raibh Niamh cinnte.
Tar éis cúpla nóiméad chuir an fiaclóir glaoch uirthi.
Shiúil sí isteach agus chuaigh mamaí in éineacht léi.

Scrúdaigh sé a cuid fiacla.
Chonaic sé poll beag i gceann amháin díobh.
Thug sé instealladh di agus ansin líon sé an poll.

Ghabh Niamh buíochas leis agus d'imigh sí abhaile.

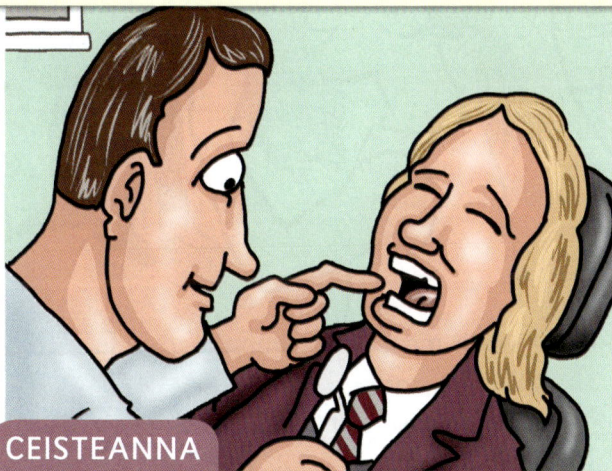

CEISTEANNA

1 Cá raibh Niamh agus a Mamaí? *(Where were Niamh and her Mammy?)*
2 Cad a dúirt an fáilteoir? *(What did the receptionist say?)*
3 Cé a chuaigh in éineacht le Niamh? *(Who went with Niamh?)*
4 Cad a dúirt an fiaclóir? *(What did the dentist say?)*
5 Cad a thug sé di? *(What did he give her?)*

FOCLÓIR

seomra feithimh *waiting room*
fós *still*
an fáilteoir *the receptionist*
scrúdaigh sé *he examined*
poll beag *small hole*
instealladh *injection*
líon sé an poll *he filled the hole*

Mo Bhreithlá

Bhí mé aon bhliain déag d'aois Dé Luain seo caite.
Níor thug mo mhúinteoir aon obair bhaile dom.
Bhí cóisir agam Dé Sathairn seo caite.
Rinne Mamaí cáca breithe dom.
Thug mé cuireadh do mo chairde.

Thosaigh siad ag teacht ag a dó a chlog.
Bhí bronntanais agus cártaí breithe acu.
Bhí dioscó ar siúl sa gharáiste.
Bhí gach duine ag damhsa.

Ghlaoigh Mamaí orainn nuair a bhí an bia réidh.

D'imigh mo chairde abhaile ar a sé a chlog.
Bhí an-lá agam.

CEISTEANNA

1 **Cén aois a bhí an cailín?** *(What age was the girl?)*
2 **Ar thug a múinteoir obair bhaile di?**
   (Did her teacher give her homework?)
3 **Céard a rinne Mamaí?** *(What did Mammy make?)*
4 **Cad a bhí ar siúl sa gharáiste?** *(What was on in the garage?)*
5 **Cathain a d'imigh a cairde abhaile?** *(When did her friends go home?)*

FOCLÓIR

Dé Luain seo caite *last Monday*
cóisir *party*
cuireadh *invitation*

Clár Ama

> Déanaim a lán ábhar difriúil ar scoil gach lá.
> Is maith liom matamaitic, ach is fearr liom ealaín.
> Féach ar mo chlár ama.
> Imíonn an lá go tapaidh nuair a bhím gnóthach!

Am	An Luan	An Mháirt	An Chéadaoin	An Déardaoin	An Aoine
9:00–10:00	Gaeilge	Béarla	Gaeilge	Gaeilge	OSSP
10:00–11:00	Matamaitic	Gaeilge	Béarla	Matamaitic	Béarla
11:00–11:15	Sos	Sos	Sos	Sos	Sos
11:15–12:00	Béarla	Matamaitic	Matamaitic	Béarla	Matamaitic
12:00–12:30	Reiligiún	Corpoideachas	Reiligiún	Ceol	Reiligiún
12:30–1:00	Lón	Lón	Lón	Lón	Lón
1:00–2:00	Tíreolaíocht	Stair	Eolaíocht	Drámaíocht	Eolaíocht
2:00–2:30	Ceol	Reiligiún	Corpoideachas	Reiligiún	Ealaín

CEISTEANNA

1 **Cén ceacht a bhíonn ar siúl Dé Luain ar a naoi a chlog?**
   (What lesson is on at 9 o'clock on Monday?)
2 **Cén ceacht a bhíonn ar siúl Dé Céadaoin ar a deich a chlog?**
   (What lesson is on at 10 o'clock on Wednesday?)
3 **Cén ceacht a bhíonn ar siúl Dé Máirt ar a ceathrú tar éis a haon déag?**
   (What lesson is on at a quarter past eleven on Tuesday?)
4 **Cad iad na hábhair scoile a dhéanann an buachaill ar scoil?**
   (Which subjects does the boy do in school?)
5 **Cén ábhar scoile is fearr leat?** *(What is your favourite subject at school?)*

FOCLÓIR

stair *history*
tíreolaíocht *geography*
eolaíocht *science*
ealaín *art*

An Fómhar

Thaitin an fómhar seo go mór le Conor.
Ní raibh an aimsir rófhuar agus bhí cúpla lá saor ón scoil aige.
Chaith Conor an cúpla lá ar fheirm a uncail in Áth Luain.
Chuidigh Conor leis. Thug sé cabhair dó leis na hainmhithe.
Gach tráthnóna, théadh sé ag siúl lena chol ceathrar Cormac.
Uaireanta chonaic siad ainmhithe.
Chonaic siad gráinneog, iora agus sionnach.

Is breá le Conor an fheirm agus is breá leis an fómhar.
Chuaigh sé abhaile nuair a bhí an cúpla lá saor thart.

CEISTEANNA

1 Cár chaith Conor an cúpla lá saor ón scoil?
(Where did Conor spend his couple of days off school?)

2 Cé a chuaigh ag siúl gach tráthnóna? *(Who went walking every evening?)*

3 Cad iad na hainmhithe a chonaic siad? *(Which animals did they see?)*

4 An maith le Conor an fheirm? *(Does Conor like the farm?)*

5 Cén fáth a raibh air dul abhaile? *(Why did he have to go home?)*

FOCLÓIR

rófhuar *too cold*
chaith Conor *Conor spent*
chuidigh Conor *Conor helped*
uaireanta *sometimes*
thart *over*

Ar an Tram

Bhí an chlann ar laethanta saoire i Liospóin.
Bhí siad ag fanacht in óstán ar bharr cnoic.
Bhí siad ag iarraidh dul ag siopadóireacht.
Fuair siad an tram síos go dtí an tsráid siopadóireachta.
Tram an-bheag a bhí ann ach chuaigh an tram an-tapaidh ar fad.
Thaitin sé go mór leo.
Nuair a bhí siad críochnaithe leis an tsiopadóireacht, fuair siad
an tram suas an cnoc arís chuig an óstán.

CEISTEANNA

1 **Cá raibh an chlann?** *(Where was the family?)*
2 **Cá raibh siad ag fanacht?** *(Where were they staying?)*
3 **Cá bhfuair siad an tram?** *(Where did they get the tram?)*
4 **An ndeachaigh an tram go tapaidh?** *(Did the tram go fast?)*
5 **Céard a rinne siad nuair a bhí siad críochnaithe?**
   (What did they do when they were finished?)

FOCLÓIR

óstán *hotel*   síos *down*
an-tapaidh *very fast*   suas *up*

Hata san Fharraige

Chuaigh James agus Saoirse ar shiúlóid ar an gcé.
Lá gaofar a bhí ann.
Shéid an ghaoth hata James óna cheann.
Rith sé ina dhiaidh ach bhí ghaoth láidir ag séideadh agus thit an hata isteach san fharraige!
Bhí an-díomá ar James.

Tháinig fear le heangach. Phioc sé amach an hata agus thug sé ar ais do James é.
Bhí James sona sásta arís.

CEISTEANNA

1 **Cé a chuaigh ar shiúlóid?** (Who went for a walk?)
2 **Céard a shéid an ghaoth?** (What did the wind blow?)
3 **Cár thit an hata?** (Where did the hat fall?)
4 **Céard a rinne an fear?** (What did the man do?)
5 **An raibh James sona sásta?** (Was James happy?)

FOCLÓIR

ar an gcé *on the pier*   lá gaofar *a windy day*
óna cheann *from his head*   ina dhiaidh *after it*
an-díomá *very disappointed* eangach *net*

Tógálaithe ag an Teach

Bhí Mamaí ag iarraidh cistin nua sa teach.
Roghnaigh sí tíleanna nua.
Roghnaigh sí cuntair nua.
Roghnaigh sí oigheann nua.
Roghnaigh sí páipéar balla nua.
Bhí tógálaithe sa teach ar feadh coicíse ag obair.
Bhí an teach trína chéile.

Anois tá sé críochnaithe agus tá sé go hálainn.

CEISTEANNA

1 **Céard a bhí Mamaí ag iarraidh?** *(What did Mammy want?)*
2 **Céard a roghnaigh sí?** *(What did she pick?)*
3 **Cé chomh fada is a bhí na tógálaithe sa teach?**
   (How long were the builders in the house?)
4 **An raibh an teach trína chéile?** *(Was the house in a mess?)*
5 **An bhfuil sé críochnaithe?** *(Is it finished?)*

tógálaithe *builders*
roghnaigh sí *she picked*   tíleanna *tiles*
cuntair nua *new counters*
oigheann nua *new oven*
páipéar balla nua *new wallpaper*
coicís *fortnight*   trína chéile *in a mess*

Madra ar Strae

Tá ár madra ar strae.

Réalta is ainm dó.

Is labradór dubh é.

Tá bóna gorm air le huimhir ghutháin na clainne air.

Chuaigh sé ar strae sna coillte tráthnóna Dé Luain.

Tá an chlann trína chéile gan é.

Má tá aon eolas agat, cuir glaoch ar 2345.

CEISTEANNA

1 Cad atá ar strae? *(What is missing?)*
2 Cad is ainm dó? *(What is its name?)*
3 Cén saghas madra é? *(What type of dog is he?)*
4 An bhfuil bóna air? *(Does he have a collar on him?)*
5 Cá ndeachaigh sé ar strae? *(Where did he go missing?)*

FOCLÓIR

ar strae *missing*
labradór *labrador*
bóna *collar*
uimhir ghutháin *telephone number*
sna coillte *in the woods*
trína chéile *upset*

Bróga Peile Nua

An Satharn a bhí ann. Bhí Cillian ag tabhairt amach!

Chuaigh Cillian agus a Mhamaí go dtí an t-ionad siopadóireachta. Chaith siad cúpla uair an chloig ag siopadóireacht.

Féach ar mo bhróga peile, a Mham! Tá siad róshean. Ba mhaith liom bróga peile nua.

Ceart go leor, a Chilliain, ná bí ag tabhairt amach. Ar mhaith leat dul ag siopadóireacht inniu?

Ba bhreá liom. Tá airgead breithlae agam fós, tá tríocha euro agam.

Ó, a Mham, tá mé sásta! Ná bí ag tabhairt amach!

Ó, a Chilliain an bhfuil tú sásta leis na bróga sin? Táim tuirseach traochta agus ba mhaith liom dul abhaile!

Cheannaigh Cillian bróga iontacha, ildaite. Thug sé an t-airgead don siopadóir agus thug an siopadóir sóinseáil dó. Chuaigh sé abhaile go sona sásta.

CEISTEANNA

1 Cén lá a bhí ann? (What day was it?)
2 Cén fáth a raibh Cillian ag tabhairt amach? (Why was Cillian giving out?)
3 Cá ndeachaigh siad? (Where did they go?)
4 Cén fáth a raibh Mamaí ag tabhairt amach? (Why was Mammy giving out?)
5 Cad a cheannaigh Cillian? (What did Cillian buy?)

FOCLÓIR

ag tabhairt amach *giving out*
róshean *too old*
airgead breithlae *birthday money*
tuirseach traochta *exhausted*
ildaite *multicoloured*   sóinseáil *change*

Réamhaisnéis na hAimsire

12°

Aimsir thirim a bheidh san oirthear amárach. Beidh sé fuar ach beidh sé geal agus grianmhar. Teocht dhá chéim déag Celsius.

11°

Aimsir thirim a bheidh sa deisceart freisin ach beidh sé an-ghaofar. Beidh sé scamallach agus fuar. Teocht aon chéim déag Celsius.

11°

Aimsir fhliuch a bheidh san iarthar anocht agus beidh sé stoirmiúil amárach. Beidh sé an-ghaofar agus fliuch ó mhaidin go hoíche. Teocht aon chéim déag Celsius.

12°

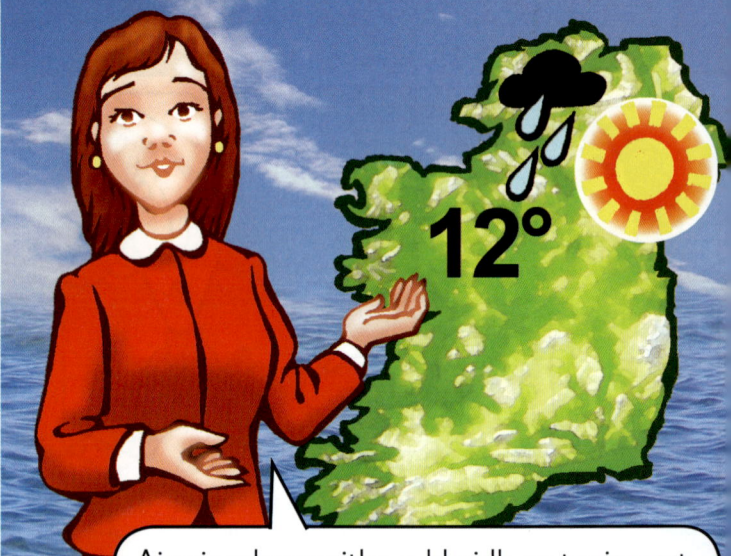

Aimsir mheascaithe a bheidh sa tuaisceart. Beidh sé fliuch maidin amárach, tirim i rith an tráthnóna agus fliuch arís san oíche. Teocht dhá chéim déag Celsius.

CEISTEANNA

1 **Conas mar a bheidh an aimsir san oirthear amárach?**
(How will the weather be in the east tomorrow?)

2 **Conas mar a bheidh an aimsir sa deisceart amárach?**
(How will the weather be in the south tomorrow?)

3 **Conas mar a bheidh an aimsir san iarthar amárach?**
(How will the weather be in the west tomorrow?)

4 **Conas mar a bheidh an aimsir sa tuaisceart amárach?**
(How will the weather be in the north tomorrow?)

5 **Conas atá an aimsir inniu?** *(How is the weather today?)*

FOCLÓIR

an t-oirthear *the east*
an deisceart *the south*
an t-iarthar *the west*
an tuaisceart *the north*

Club Rothaíochta

Is mise Ciarán. Seo í mo Mhamaí.
Catherine is ainm di.
Tá club rothaíochta in aice ár dtí.
Is baill den chlub mé agus mo Mhamaí.
Téimid ann gach Satharn.

Bíonn an-spraoi againn.
Caithim clogad, bríste gairid, T-léine chorcra agus bhuí
agus bróga rothaíochta nuair a théim ag rothaíocht.
Is breá liom a bheith ag rothaíocht.

Buailim le mo chara Lee ann.
Téimid ag rothaíocht go
háiteanna éagsúla.

CEISTEANNA

1 **Cad atá in aice le teach Chiaráin?**
   (What is beside Ciarán's house?)

2 **Cathain a théann siad go dtí an club?**
   (When do they go to the club?)

3 **Cé leis a mbuaileann Ciarán ansin?**
   (Who does Ciarán meet there?)

4 **Cá dtéann siad ag rothaíocht?** *(Where do they go cycling?)*

5 **Cad a chaitheann Ciarán nuair a bhíonn sé ag rothaíocht?**
   (What does Ciarán wear when he is cycling?)

FOCLÓIR

club rothaíochta	*cycling club*
in aice	*beside*
is baill den chlub mé	*I'm a member of the club*
buailim le	*I meet*
áiteanna éagsúla	*different places*
clogad	*helmet*

An tÓstán

Chuaigh an chlann chuig óstán faoin tuath ag an deireadh seachtaine.
Chuamar ann sa charr.
Shroicheamar an t-óstán ar a cúig a chlog Dé hAoine.
Bhí linn snámha agus club óige ann.
Bhí mé ar bís.

Bhí an t-óstan go hiontach.
Bhí na seomraí ollmhór agus an-chompordach.

Chuaigh mé agus mo dheartháir go dtí an dioscó sa chlub óige Dé Sathairn.
Chuaigh ár dtuismitheoirí go dtí an bhialann ghalánta.

Bhí an t-óstán go hálainn agus bhí deireadh seachtaine iontach ag gach duine.

CEISTEANNA

1 **Cá ndeachaigh an chlann?** *(Where did the family go?)*
2 **Cathain a chuaigh siad ann?** *(When did they go there?)*
3 **Déan cur síos ar an óstán.** *(Describe the hotel.)*
4 **Cá ndeachaigh na páistí Dé Sathairn?**
(Where did the children go on Saturday?)
5 **Cá ndeachaigh a dtuismitheoirí Dé Sathairn?**
(Where did their parents go on Saturday?)

FOCLÓIR

óstán *hotel*		**chuamar** *we went*	
shroicheamar *we reached*		**ollmhór** *huge*	
an-chompordach *very comfortable*			
mo thuismitheoirí *my parents*			
bialann ghalánta *fancy restaurant*			

Na Gasóga

Gach Aoine, téann Mark chuig na gasóga
i halla na scoile.
Caitheann sé brístí agus geansaí dúghorm
le ciarsúr brád buí.
Imríonn sé cluichí.
Faigheann sé eolas chun suaitheantais a fháil.

Gach saoire Cásca agus samhraidh
téann sé ag campáil.

Sa samhradh téann sé ag bádóireacht.
Tá a lán cairde aige sna gasóga.

CEISTEANNA

1 Cá dtéann Mark gach Aoine? *(Where does Mark go every Friday?)*
2 Céard a chaitheann sé? *(What does he wear?)*
3 Céard a fhaigheann sé? *(What does he get?)*
4 Cathain a théann sé ag campáil? *(When does he go camping?)*
5 An bhfuil a lán cairde aige? *(Does he have a lot of friends?)*

FOCLÓIR

gasóga *scouts*
dúghorm *navy blue*
ciarsúr brád *neckerchief*
faigheann sé *he gets*
suaitheantais *badges*
bádóireacht *boating*

Ag Ceannach Rothair

Chuaigh Conor agus Mamaí go dtí an t-ionad siopadóireachta.
Bhí breithlá Conor ag teacht aníos agus bhí rothar nua ag teastáil uaidh.
Bhí a lán rothar éagsúil sa siopa.
Bhí siad an-chostasach.
Thaitin rothar rásaíochta dubh leis.
Lig an siopadóir dó a bheith ag rothaíocht ar feadh cúpla nóiméad ar
an rothar nua timpeall an tsiopa.
Bhí Conor agus Mamaí lánsásta leis.
D'íoc Mamaí an siopadóir as an rothar agus chuir sé sa charr é.

CEISTEANNA

1 Cé a chuaigh go dtí an t-ionad siopadóireachta?
   (Who went to the shopping centre?)
2 An raibh breithlá Conor ag teacht aníos?
   (Was Conor's birthday coming up?)
3 Céard a bhí ag teastáil ó Conor? *(What did Conor want?)*
4 Céard a thaitin leis? *(What did he like?)*
5 Cé a d'íoc as an rothar? *(Who paid for the bike?)*

FOCLÓIR

ag teacht aníos *coming up*
an-chostasach *very expensive*
rothar rásaíochta *racing bike*
lig an siopadóir dó *the shopkeeper allowed him*

Ag Bogadh Tí

Tá an chlann ag bogadh tí.
Chónaigh siad i mbungaló i mbruachbhaile cois farraige i gContae Chill Mhantáin, ach anois tá teach nua acu.

Teach scoite, dhá stór i gContae Loch Garman is ea an teach nua.
Is feirm é chomh maith.
Tá sé an-mhór ar fad – tá sé sheomra codlata ann!
Tá a lán talaimh taobh thiar den teach do na hainmhithe.
Tá Daidí ag fáil caorach agus ba don fheirm.
Tá sceitimíní ar an gclann ar fad!

CEISTEANNA

1 **Cár chónaigh an chlann?** *(Where did the family live?)*
2 **Cén saghas tí é an teach nua?**
   (What type of house is the new house?)
3 **Cé mhéad seomra codlata atá ann?**
   (How many bedrooms are there?)
4 **An bhfuil aon talamh leis an teach?**
   (Is there any land with the house?)
5 **Céard atá Daidí ag fáil?** *(What is Daddy getting?)*

FOCLÓIR

ag bogadh *moving*
bruachbhaile *suburb*
cois farraige *seaside*
teach scoite *detached house*
taobh thiar de *behind*   **caora** *sheep*
ba *cattle*   **sceitimíní** *excitement*

Pasta, Sicín agus Peisteo

Comhábhair: Tá pasta, ola olóige, sicín, brocailí, peisteo, oinniún agus uachtar ag teastáil

Céimeanna

1 Cuir pasta ag cócaráil in uisce fuar ar feadh cúig nóiméad déag.

2 Cuir sicín ag friochadh le hoinniún agus brocailí agus ola olóige go dtí go bhfuil siad cócaráilte.

3 Measc isteach an pasta agus an peisteo agus beagán uachtair leis an meascán sa phota.

4 Fág ar an gcócaireán é ar feadh dhá nóiméad.

5 Cuir amach ar phlátaí é.

Ith é!

CEISTEANNA

1 Cad iad na comhábhair atá ag teastáil?
(What are the ingredients needed?)

2 Cad í céim a haon? *(What is step one?)*

3 Cad í céim a dó? *(What is step two?)*

4 Cad í céim a ceathair? *(What is step four?)*

5 Cad í céim a cúig? *(What is step five?)*

FOCLÓIR

ola olóige *olive oil*   uachtar *cream*
ag friochadh *frying*   cócaireán *hob*

Fliuch go Craiceann

Bhí Evan agus Milly ag siúl abhaile ón bpáirc.
Go tobann thosaigh sé ag stealladh báistí.
Rith siad abhaile ar nós na gaoithe.

Nuair a shroich siad an teach bhí siad fliuch
go craiceann.
Chnag siad ar an doras ach ní raibh a
Mamaí sa bhaile.

Rith siad síos an bóthar go dtí teach a gcarad.
Bhí Mamaí ann, buíochas le Dia!

Chuaigh siad abhaile go tapa chun
éadaí tirime a chur orthu.
Chaith siad an tráthnóna os comhair
na teilifíse ina gcuid pitséamaí.

CEISTEANNA

1 **Cá raibh na páistí ag siúl?** *(Where were the children walking?)*
2 **Cad a tharla go tobann?** *(What happened suddenly?)*
3 **An raibh Mamaí sa bhaile?** *(Was Mammy at home?)*
4 **Cá raibh Mamaí?** *(Where was Mammy?)*
5 **Cad a chuir siad orthu?** *(What did they put on?)*

FOCLÓIR

fliuch go craiceann *soaked to the skin*
ag stealladh báistí *lashing rain*
éadaí tirime *dry clothes*
chaith siad *they spent*

Cat ar Strae

An bhfaca tú mo chat?
Is cat beag, bán agus liath í.
Rith sí síos Bóthar an Rí inné mar bhí madra ag tafann agus ag rith ina diaidh.
Níor tháinig sí abhaile. Tá uaigneas orm.

Ainm: Cleo
Súile: Glas
Corp: Bán
Eireaball: Liath
Má fheiceann tú í cuir glaoch orm más é do thóil é!
Leah is ainm dom.
Go raibh míle maith agat.
Fón: 091-12345

CEISTEANNA

1 Cén t-ainm atá ar an gcat? *(What is the cat's name?)*
2 Cá raibh sí ag rith inné? Cén fáth?
(Where was she running yesterday? Why?)
3 Cén dath atá ar a súile? *(What colour are her eyes?)*
4 Cén dath atá ar a corp? *(What colour is her body?)*
5 Cad is ainm don chailín? *(What is the girl's name?)*

FOCLÓIR

an bhfaca tú? *did you see?*
ag tafann *barking*   ina diaidh *after her*
má fheiceann tú *if you see*
uaigneas *sadness*

An Cheolchoirm

Chuala mé fógra ar an raidió.
Bhí mé ag screadadh mar bhí sceitimíní áthais orm.
Bhí an banna ceoil is fearr liom le seinm i mBaile Átha Cliath.

Cheannaigh mo Dhaidí ticéad mar bhronntanas dom.
Bhí mé ar bís.

Thosaigh an cheolchoirm ar a hocht a chlog.
Chuaigh mé ann ar an Luas le mo Mhamaí agus mo chara.

Bhí an cheolchoirm ar fheabhas.
Bhí gach duine ag damhsa agus ag canadh na n-amhrán.
Oíche iontach a bhí ann.

CEISTEANNA

1 **Cad a chuala an cailín ar an raidió?** *(What did the girl hear on the radio?)*
2 **Cé a bhí le seinm i mBaile Átha Cliath?**
   (Who was going to be playing in Dublin?)
3 **Cén t-am a thosaigh an cheolchoirm?** *(What time did the concert start?)*
4 **Conas mar a bhí an cheolchoirm?** *(How was the concert?)*
5 **Cad a bhí ar siúl ag gach duine?** *(What was everyone doing?)*

FOCLÓIR

ag screadadh *screaming*
le seinm *to play*

An Bolg Lán

Breithlá Dhaidí a bhí ann.
Bhí an teaghlach i mbialann i lár na cathrach.
Bhí an bhialann nua-aimseartha agus bhí an
tseirbhís ar fheabhas.
Bhí ocras an domhain ar gach duine.
Thosaigh siad ag léamh an bhiachláir.

Roghnaigh mise anraith trátaí don chéad
chúrsa agus lacha rósta don phríomhchúrsa.
Bhí sé an-bhlasta.
Roghnaigh mo Dhaidí anraith glasraí
don chéad chúrsa agus bradán don
phríomhchúrsa.

D'itheamar cáca seacláide mar mhilseog
agus chanamar 'Lá breithe sona duit'.
Chuaigh mé abhaile le bolg lán.

CEISTEANNA

1 **Cén lá speisialta a bhí ann?** *(What special day was it?)*
2 **Déan cur síos ar an mbialann.** *(Describe the restaurant.)*
3 **Conas a bhí an tseirbhís?** *(How was the service?)*
4 **Cad a d'ith an buachaill don chéad chúrsa?**
   (What did the boy eat as a first course?)
5 **Cad a d'ith sé don phríomhchúrsa?** *(What did he eat as a main course?)*

FOCLÓIR

nua-aimseartha *modern*
an tseirbhís *the service*
roghnaigh mise *I chose*
an-bhlasta *very tasty*
milseog *dessert*

Ranganna Snámha

Dia dhuit, Charlotte is ainm dom.
Is bréa liom a bheith ag snámh.
Gach maidin roimh am scoile téim chuig
ranganna snámha ag a seacht a chlog.
Tá traenálaí iontach agam.
Bíonn traenáil ar siúl tráthnóna Dé Sathairn
chomh maith.
Bíonn comórtais agam gach mí.
An mhí seo caite, bhuaigh mé bonn óir
i gcomórtas.

CEISTEANNA

1 **Cad is ainm don chailín?** *(What is the girl's name?)*
2 **An maith léi a bheith ag snámh?** *(Does she like swimming?)*
3 **Cá dtéann sí roimh an scoil?** *(Where does she go before school?)*
4 **An mbíonn traenáil ar siúl Dé Sathairn?** *(Is training on on a Saturday?)*
5 **Céard a bhuaigh sí an mhí seo caite?** *(What did she win last month?)*

Siopa Troscáin

Dúirt Mamaí go raibh cead ag Sandra a seomra codlata a mhaisiú.

Chuaigh siad chuig an siopa troscáin chun gach rud a fháil don seomra.

Phioc Sandra ruga gorm, tarraiceán liath, lampa dúghorm agus cuirtíní bánbhuí agus gorm éadrom.

Chonaic Mamaí clúdach duivé a mheaitseáil na cuirtíní agus chuir sí sa tralaí é.

Ag an deireadh, phioc siad lóchrainn agus coinnle agus d'íoc siad as na hearraí.

Chuir siad gach rud sa charr agus chuaigh siad abhaile tuirseach traochta ach sona sásta.

CEISTEANNA

1 Céard a dúirt Mamaí? *(What did Mammy say?)*
2 Cá ndeachaigh siad? *(Where did they go?)*
3 Céard a phioc Sandra? *(What did Sandra pick out?)*
4 Céard a chonaic Mamaí? *(What did Mammy see?)*
5 Céard a chuir siad sa charr? *(What did they put in the car?)*

FOCLÓIR

a mhaisiú *decorate*
gach rud a fháil *to get everything*
tarraiceán *drawer*
bánbhuí agus gorm éadrom
cream and light blue
clúdach duivé *duvet cover*
meaitséail *matching*
lóchrainn *lanterns*   earraí *goods*

Oíche Dé Sathairn

Is breá le Fia oíche Shathairn.
Bíonn cead aici cláir na hoíche a roghnú ar an teilifís.
Bíonn a lán clár iontach ar siúl.
Ag a seacht a chlog, féachann sí ar chlár grinn.
Ag leath uair tar éis a seacht, féachann sí ar shobalchlár.
Ag a hocht a chlog, féachann sí ar chlár cheoil.

Ag a naoi a chlog múchann Mamaí an teilifís.
Caithfidh sí dul chuig an leaba, ach bíonn cead
aici a bheith ag léamh ar feadh tamaill.
Ag a deich a chlog múchann Daidí na soilse
agus téann sí a codladh.

CEISTEANNA

1 **An maith le Fia oíche Shathairn?**
   (Does Fia like Saturday nights?)

2 **Céard air a bhféachann sí ag a seacht a chlog?**
   (What does she watch at seven o'clock?)

3 **Céard air a bhféachann sí ag a hocht a chlog?**
   (What does she watch at eight o'clock?)

4 **Cén t-am a mhúchann Mamaí an teilifís?**
   (What time does Mammy turn off the television?)

5 **An mbíonn cead aici a bheith ag léamh?**
   (Is she allowed to read?)

FOCLÓIR

a roghnú *to choose*   clár grinn *comedy show*
sobalchlár *soap opera*   múchann *turns off*

Súnámaí

Tarlaíonn súnámaí mar thoradh ar chrith talún nó bhrúchtadh bolcánach.
Ní tonn mór amháin atá i gceist ach sraith tonnta.
Nuair a bhuaileann súnámaí farraige éadomhain, moillíonn sé ach méadaíonn sé in airde.
Bíonn rabhadh ann de ghnáth nuair atá seans ann go mbeidh súnámaí chun tarlúint.
De ghnáth, téann an fharraige ar ais an-fhada sula dtarlaíonn sé.

Ar an 26ú Nollaig 2004, bhuail súnamaí an-mhór an Áise agus rinneadh an-chuid damáiste do thíortha éagsúla.
Maraíodh breis is 200,000 duine i gceithre thír déag. Tragóid úafásach a bhí ann.

CEISTEANNA

1 **Cén fáth a dtarlaíonn súnámaí?**
   (Why does a tsunami happen?)
2 **Céard é súnámaí?** *(What is a tsunami?)*
3 **Céard a tharlaíonn nuair a bhuaileann súnámaí farraige éadomhain?**
   (What happens when a tsunami hits shallow water?)
4 **Cén fáth a mbíonn rabhadh ann?** *(Why is there a warning?)*
5 **Céard a tharla ar an 26ú Nollaig 2004?**
   (What happened on the 26 December 2004?)

FOCLÓIR

crith talún *earthquake*
brúchtadh bolcánach *volcanic eruption*
sraith tonnta *series of waves*
éadomhain *shallow*   **moillíonn** *slows*
méadaíonn *increases*   **rabhadh** *warning*
de ghnáth *usually*

Cáca Nollag

Bhí an Nollaig ag teacht.
Bhí Molly agus Mamaí ag siopadóireacht.
Cheannaigh Mamaí turcaí i siopa an bhúistéara.

Cheannaigh sí gach rud eile san ollmhargadh.

Nuair a tháinig siad abhaile rinne Molly agus
Mamaí cáca Nollag.
Chuir Molly na comhábhair ar an mbord – plúr bán,
uibheacha, torthaí, silíní, im agus siúcra.
Fuair Mamaí babhla agus spúnóg adhmaid.

Chuir siad na comhábhair sa bhabhla agus
mheasc Molly le chéile iad.

Chuir Mamaí an cáca isteach san oigheann.
Tar éis tamaill bhí an cáca réidh.

Nuair a bhí sé fuar, chuir Molly reoán
ban agus maisiúcháin ar an gcáca.

CEISTEANNA

1 **Cad a bhí ag teacht?** *(What was coming?)*
2 **Cé a bhí ag siopadóireacht?** *(Who was shopping?)*
3 **Cé a fuair an babhla agus an spúnóg adhmaid?**
   (Who got the bowl and the wooden spoon?)
4 **Cad iad na cómhábhair?** *(What are the ingredients?)*
5 **Cár chuir Mamaí an cáca?** *(Where did Mammy put the cake?)*

FOCLÓIR

siopa an bhúistéara *the butcher's*
ollmhargadh *supermarket*
silíní *cherries*
spúnóg adhmaid *wooden spoon*
san oigheann *in the oven*
reoán *icing*   **maisiúcháin** *decorations*

An Nollaig Seo Caite

Lá Nollag dhúisigh mé ag a seacht a chlog ar maidin.
Dhúisigh mé mo dheartháir agus ritheamar síos an staighre.
Bhí áthas an domhain orm mar fuair mé rothar agus cluichí cláir.
Bhí mé an-sásta.

Tar éis an bhricfeasta, chuir mé mo chuid éadaigh nua orm.
Thug mé agus mo chlann cuairt ar m'aintín agus m'uncail.
Fuair mé leabhar ó m'Aintín Rhea.

Ina dhiaidh sin tháinig mé abhaile agus d'ith mé dinnéar na Nollag.
Bhí an béile blasta.

Tar éis an dinnéir chaith mé cúpla uair an chloig ag féachaint ar scannán iontach ar an teilifís agus ag imirt cluichí cláir le mo chlann.
Bhí lá iontach agam.

CEISTEANNA

1 **Cén t-am a dhúisigh an buachaill?** *(What time did the boy wake up?)*
2 **Cad a fuair sé mar bhronntanas?** *(What presents did he get?)*
3 **Cá ndeachaigh sé tar éis an bhricfeasta?**
   (Where did he go after breakfast?)
4 **Cad a fuair sé óna Aintín Rhea?** *(What did he get from Aunty Rhea?)*
5 **Cad a rinne sé tar éis an dinnéir?** *(What did he do after dinner?)*

FOCLÓIR

cluichí cláir *board games*
ina dhiaidh sin *after that*
béile *meal*   blasta *tasty*

Saoíre na Nollag

Bhí dhá sheachtain de shaoire na Nollag ag na páistí.
Chaith siad cúpla lá ag imirt ar an ríomhaire agus ag féachaint ar an teilifís.
Bhí Mamaí ag tabhairt amach. 'Téigh amach ag súgradh,' a duirt sí.
'Tá sé rófhuar,' arsa na buachaillí.

Maidin amháin d'fhéach Luke amach an fhuinneog.
Bhí brat bán sneachta ar an talamh.
Thosaigh sé ag cur sneachta i rith na hoíche.
Anois bhí sneachta i ngach áit.

Chuir na buachaillí éadaí troma orthu agus rith siad amach an doras.
Ní raibh siad os comhair na teilifíse ná an ríomhaire arís.

Bhí Mamaí an-sásta.

CEISTEANNA

1 **Conas a chaith na buachaillí cúpla lá?**
   (How did the boys spend a few days?)

2 **Cén fáth a raibh Mamaí ag tabhairt amach?**
   (Why was Mammy giving out?)

3 **Cad a chonaic Luke nuair a d'fhéach sé amach an fhuinneog?**
   (What did Luke see when he looked out the window?)

4 **Cathain a thosaigh sé ag cur sneachta?**
   (When did it start snowing?)

5 **Cad a rinne na buachailli?** *(What did the boys do?)*

FOCLÓIR

brat bán sneachta *white carpet of snow*
i rith na hoíche *during the night*
éadaí troma *heavy clothes*
os comhair *in front of*

Athbhliain Faoi Mhaise Duit

Bhí Sophie agus a clann ag cóisir i dteach a haintín Nuala.
Bhí gúna nua uirthi agus bhí gach duine gléasta suas.
Thosaigh an chóisir ag a hocht a chlog.
D'ith sí béile blasta de churaí sicín agus sailéad.

Ag nóimead amháin roimh mheánoíche bhí gach duine ag féachaint ar an teilifís.
Thosaigh gach duine ag comhaireamh – 'A deich, a naoi, a hocht, a seacht, a sé, a cúig, a ceathair, a trí, a dó, a haon... Athbhliain faoi mhaise!'

Thug Sophie póg agus rug sí barróg ar gach duine.

Chuaigh sí abhaile i rith na hoíche.
Bhí sí beagnach ina codladh sa charr.
Oíche iontach a bhí ann.

CEISTEANNA

1 **Cá raibh Sophie?** *(Where was Sophie?)*
2 **Cad a bhí uirthi?** *(What was she wearing?)*
3 **Cén t-am a thosaigh an chóisir?** *(What time did the party start?)*
4 **Cad a d'ith sí?** *(What did she eat?)*
5 **Cathain a chuaigh sí abhaile?** *(When did she go home?)*

FOCLÓIR

athbhliain faoi mhaise *happy new year*
gléasta suas *dressed up*
meánoíche *midnight*
ag comhaireamh *counting*
rug sí barróg *she hugged*
beagnach *almost*

Báibín Nua

Chuaigh Mamaí, Aifric agus Aintín Úna ag siopadóireacht.
Bhí báibín nua ag cara Mhamaí agus bhí siad ag iarraidh éadaí a fháil di.
'Féach ar na héadaí gleoite,' arsa Aintín Úna.
Phioc Mamaí suas dungaraithe bándearga.
Phioc Aifric suas gúna corcra agus bán.
Phioc Aintín Úna suas sciorta agus t-léine bhuí agus ghorm.
Cheannaigh siad na héadaí ar fad.
Chuaigh siad abhaile agus chlúdaigh Mamaí na bronntanais go léir le páipéar.

CEISTEANNA

1 **Cá ndeachaigh Mamaí, Aifric agus Aintín Úna?**
   (Where did Mammy, Aifric and Aunty Úna go?)

2 **Céard a bhí siad ag iarraidh a fháil?** (What did they want to get?)

3 **Céard a phioc Mamaí?** (What did Mammy pick?)

4 **Céard a phioc Aintín Úna?** (What did Aunty Úna pick?)

5 **Céard a rinne Mamaí nuair a chuaigh siad abhaile?**
   (What did Mammy do when they went home?)

FOCLÓIR

báibín nua *new baby*
gleoite *cute*
dungaraithe *dungarees*
clúdaigh le páipéar *wrap in paper*

Fionn agus Finnéigeas

Fadó, fadó in Éirinn bhí seanfhear ann darbh ainm Finnéigeas.
An post a bhí aige ná múinteoir agus bhí sé an-chliste ar fad.
Lá amháin bhuail sé le Fionn.
Fear óg agus láidir a bhí i bhFionn.
Dúirt Finnéigeas leis go múinfeadh sé dó gach eolas a bhí aige
ionas go mbeadh Fionn chomh cliste le Finnéigeas.
Chónaigh siad le chéile ar bhruach na Bóinne.
Bhí Fionn sona sásta leis seo.

CEISTEANNA

1 **Cén t-ainm a bhí ar an seanfhear a bhí ann fadó, fadó in Éirinn?**
(What was the name of the old man who lived a long, long time ago in Ireland?)

2 **Cén post a bhí aige?** *(What job did he have?)*

3 **Céard a tharla dó lá amháin?** *(What happened to him one day?)*

4 **Céard a dúirt Finnéigeas le Fionn?**
(What did Finnéigeas say to Fionn?)

5 **An raibh Fionn sona sásta?** *(Was Fionn happy?)*

FOCLÓIR

fadó, fadó *a long, long time ago*
seanfhear *old man*
darbh ainm *whose name was*
go múinfeadh sé *that he would teach*
eolas *information*   **cliste** *clever*
bruach na Bóinne *bank of the Boyne*

An Bradán Feasa

D'inis Finnéigeas scéalta d'Fhionn gach aon lá.

D'inis sé dó faoin mbradán feasa.

D'inis sé dó go mbeadh eolas an domhain ag an té a d'íosfadh an bradán feasa.

Lá amháin, rug Finnéigeas ar an mbradán feasa.

D'iarr sé ar Fhionn é a chur ar an tine ag cócaráil.

Trí thimpiste, bhlais Fionn an t-iasc agus bhí eolas an domhain aige.

Bhí díomá ar Fhinnéigeas agus d'iarr sé ar Fhionn bruach na Bóinne a fhágáil.

CEISTEANNA

1 **Ar inis Finnéigeas scéalta d'Fhionn?**
   (Did Finnéigeas tell Fionn stories?)

2 **Céard a tharlódh don duine a d'íosfadh an bradán feasa?**
   (What would happen to the person who ate the salmon of knowledge?)

3 **Ar rug Finnéigeas ar an mbradán feasa?**
   (Did Finnéigeas catch the salmon of knowledge?)

4 **Cad a tharla trí thimpiste?** *(What happened by accident?)*

5 **An raibh díomá ar Fhinnéigeas?** *(Was Finnéigeas disappointed?)*

FOCLÓIR

an bradán feasa *the salmon of knowledge*
d'inis sé dó *he told him*
eolas an domhain *wisdom of the world*
d'iarr sé *he asked*
trí thimpiste *by accident*
bhlais *tasted*

Cnámha

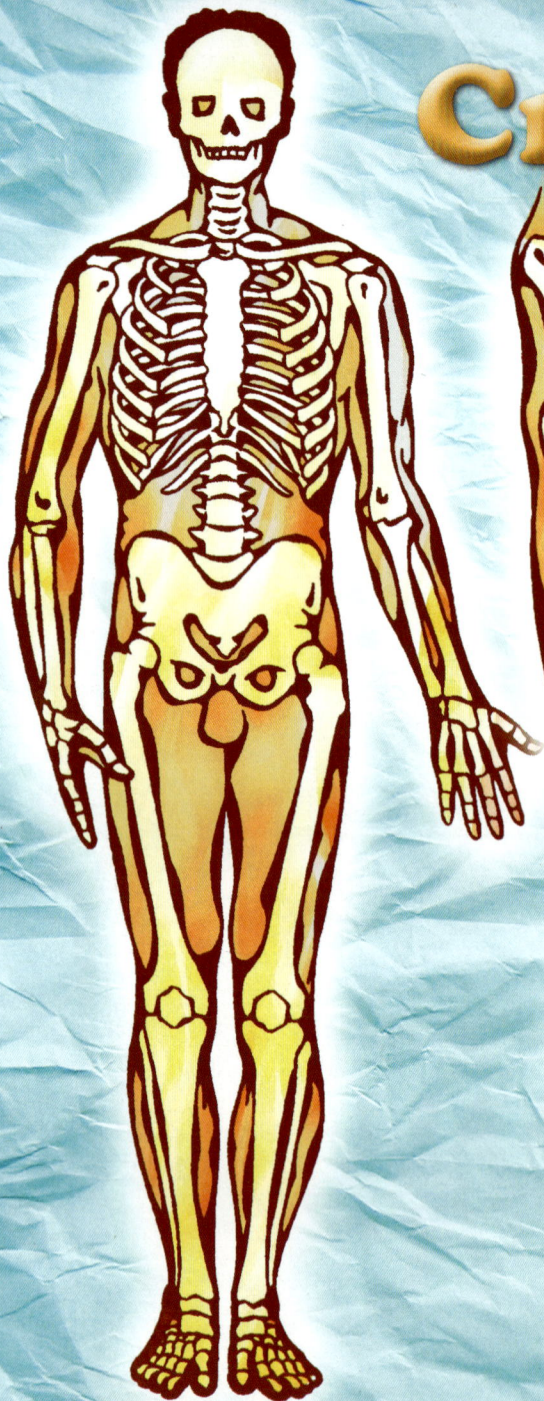

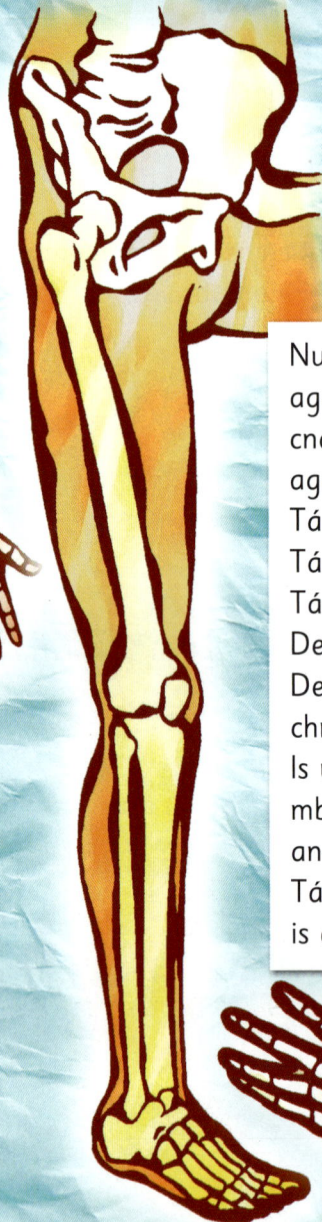

Nuair a bheirtear thú, bíonn 300 cnámh agat, ach nuair atá tú ag fás éiríonn na cnámha comhtháite agus bíonn líon níos lú agat mar dhuine fásta.

Tá 26 chnámh i do chos.

Tá 54 chnámh i do lámh.

Tá 14 chnámh i d'aghaidh.

Deisíonn do chnámha má bhristear iad.

Deirtear go mbriseann an gnáthdhuine dhá chnámh ina shaol.

Is uisce é 75% den chnámh agus cé go mbíonn siad crua taobh amuigh bíonn siad an-bhog taobh istigh.

Tá an méid céanna cnámh i muineál sioráif is atá i muineál duine dhaonna!

CEISTEANNA

1 **Cé mhéad cnámh a bhíonn agat nuair a bheirtear thú?**
   (How many bones do you have when you are born?)

2 **Cé mhéad cnámh atá i do chos?**
   (How many bones are there in your foot?)

3 **Cé mhéad cnámh atá i d'aghaidh?**
   (How many bones are there in your face?)

4 **Cé mhéad cnámh a bhriseann an gnáthdhuine ina shaol?**
   (How many bones does the average person break in his life?)

5 **Cé mhéad den chnámh é uisce?** *(How much of a bone is water?)*

FOCLÓIR

cnámha *bones*
éiríonn na cnámha comhtháite
the bones become fused
deisíonn *heal*   crua *hard*
an-bhog *very soft*
taobh istigh *inside*   muineál *neck*
duine daonna *human being*

Cluiche a Chonaic mé le mo Dhaidí

Is mise Cian. Is breá liom sacar.
An mhí seo caite, chuaigh mé go dtí cluiche sacair i Sasana.
Cheannaigh mo dhaidí na ticéid mar bhronntanas dom.
Bhí Manchester United ag imirt in aghaidh Arsenal.
Thosaigh an cluiche ar a leathuair tar éis a trí.
Bhí mé ar bís nuair a chonaic mé an fhoireann ar an bpáirc.
Bhuaigh Manchester United an cluiche a trí in aghaidh a náid.
Cluiche iontach a bhí ann. Bhí mé an-sásta leis an toradh.
Bhí áthas an domhain orm ag dul abhaile.

CEISTEANNA

1 **Cá ndeachaigh Cian an mhí seo caite?**
   (Where did Cian go last month?)
2 **Cé a bhí ag imirt?** (Who was playing?)
3 **Cén t-am a thosaigh an cluiche?**
   (What time did the game start?)
4 **Cé a bhuaigh an cluiche?** (Who won the game?)
5 **Cén saghas cluiche a bhí ann?** (How was the game?)

FOCLÓIR

mar bhronntanas *as a present*
ag imirt in aghaidh *playing against*
an fhoireann *the team*
an toradh *the result*

Mo Cheantar

ionad spóirt

Leabharlann

Linn Snámha

siopaí

Halla snúcair

Pictiúrlann

Bialann

Tá mé i mo chónaí i mbaile beag i gCorcaigh.
Is maith liom mo cheantar mar tá sé ciúin agus glan.
Tá a lán le déanamh ann freisin.
Tá ionad spóirt síos an bóthar ó mo theach agus téim ann go minic.
Imrím cispheil agus leadóg ann.
Tá pictiúrlann, leabharlann agus linn snámha sa bhaile freisin.
Tá halla snúcair ag bun na sráide agus téann mo dhaidí ann gach Satharn.
Tá bialann agus siopaí i lár an bhaile agus tá páirceanna deasa timpeall mo cheantair.
Táim an-sásta i mo chónaí anseo.

CEISTEANNA

1 Cá bhfuil an cailín ina cónaí? *(Where does the girl live?)*
2 An maith léi a ceantar? Cén fáth? *(Does she like her area? Why?)*
3 Cad atá le déanamh ina ceantar? *(What is there to do in her area?)*
4 Cá dtéann a Daidí gach Satharn?
   (Where does her Daddy go every Saturday?)
5 Cad atá ar fáil i do cheantar? *(What is available in your area?)*

FOCLÓIR

mo cheantar *my area*
ionad spóirt *sports centre*
cispheil *basketball*
leadóg *tennis*
halla snúcair *snooker hall*

Clubanna Spóirt

Leah

Imrím camógaíocht gach maidin Dé Sathairn. Tá club i mo cheantar agus is ball mé den chlub. Téim ag traenáil gach oíche Dé Céadaoin. Táim ar fhoireann na scoile freisin agus imrím le mo scoil gach tráthnóna Dé Luain.

Henry

Is breá liom a bheith ag imirt peile. Tá club peile cúpla míle ó mo theach agus is ball mé. Imrím le mo chlub gach tráthnóna Dé Sathairn. Tá mo chara Cian i mo chlub agus téimid ann le chéile.

Ellie

Tá linn snámha timpeall an chúinne ó mo theach. Téim ann go minic le mo dheirfiúr. Is breá liom a bheith ag snámh. Is maith liom leadóg freisin ach is fearr liom a bheith ag snámh.

Senan

Is é an rugbaí an spórt is fearr liom. Is aoibhinn liom rugbaí mar tá sé corraitheach agus taitneamhach. Téim ag traenáil gach tráthnóna Dé Máirt agus imrím cluiche gach Satharn.

CEISTEANNA

1 **Cén spórt a imríonn Leah?** *(What sport does Leah play?)*
2 **Cathain a théann Leah ag traenáil?** *(When does Leah go training?)*
3 **Cén spórt a imríonn Henry?** *(What sport does Henry play?)*
4 **Cad é an spórt is fearr le hEllie?** *(What is Ellie's favourite sport?)*
5 **Cad é an spórt is fearr le Senan?** *(What is Senan's favourite sport?)*

FOCLÓIR

is ball mé den chlub
I'm a member of the club
timpeall an chúinne
around the corner
go minic *often*
corraitheach *exciting*
taitneamhach *enjoyable*

Aintín Zoe

An Aoine a bhí ann.
Bhí Mamaí agus Daidí ag dul go dtí óstán deas faoin tuath.
Bhí Aintín Zoe ag tabhairt aire do na páistí.

Dé Sathairn rinne Aintín Zoe pancóga don bhricfeasta. Bhí siad an-bhlasta.

Chuaigh siad abhaile tuirseach traochta.
Chuaigh siad go dtí an leaba ar a hocht a chlog go sona sásta.

Am dinnéir d'ith siad píotsa agus d'ól siad bainne.
Tar éis an dinnéir d'fhéach siad ar scannán greannmhar.

Ina dhiaidh sin chuaigh siad go dtí an pháirc.
Chaith siad cúpla uair an chloig ann.
Bhí siad ag luascadh ar na luascáin, ag rothaíocht agus ag imirt peile.

Tháinig Mamaí agus Daidí abhaile Dé Domhnaigh ar a dó a chlog.

CEISTEANNA

1 **Cá raibh Mamaí agus Daidí ag dul?**
   (Where were Mammy and Daddy going?)

2 **Cé a bhí ag tabhairt aire do na páistí?**
   (Who was minding the children?)

3 **Céard a rinne Aintín Zoe don bhricfeasta?**
   (What did Aunty Zoe make for breakfast?)

4 **Cá ndeachaigh Aintín Zoe agus na páistí Dé Sathairn?**
   (Where did Aunty Zoe and the children go on Saturday?)

5 **An ndeachaigh Aintín Zoe go dtí an leaba ar a hocht a chlog?**
   (Did Aunty Zoe go to bed at 8 o'clock?)

FOCLÓIR

ag tabhairt aire do *taking care of*
pancóga *pancakes*
an-bhlasta *very tasty*
ag luascadh *swinging*
na luascáin *the swings*

Bricfeasta Iontach!

Bhí an chlann ag fanacht in óstán don deireadh seachtaine.
Chuaigh siad síos staighre go dtí an bhialann don bhricfeasta.
Bhí gach saghas bia ann.
Bhí bia te cosúil le slisíní, ispíní, uibheacha agus pancóga ann.
Bhí bia fuar cosúil le torthaí, iógart, gránach, cáis agus taosráin ann.

Líon siad ar fad a bplátaí agus shuigh siad síos chun an bricfeasta a ithe.
Bhí siad lán agus sona sásta i ndiaidh an bhricfeasta.

CEISTEANNA

1 **Cá raibh an chlann?** *(Where was the family?)*
2 **Cá ndeachaigh siad?** *(Where did they go?)*
3 **Cén saghas bia te a bhí ann?** *(What kind of hot food was there?)*
4 **Cén saghas bia fuar a bhí ann?** *(What kind of cold food was there?)*
5 **An raibh siad lán i ndiaidh an bhricfeasta?** *(Were they full after breakfast?)*

FOCLÓIR

slisíní *rashers*
gránach *cereal*
taosráin *pastries*

♫ Ranganna Ceoil ♪

Sheinneann rang a cúig ar fad an fheadóg stáin.
Thosaigh siad á foghlaim an bhliain seo caite le hIníon Ní Masún.
Caitheann siad uair an chloig gach seachtain ag cleachtadh sa rang.
Bíonn orthu cleachtadh a dhéanamh sa bhaile gach oíche chomh maith.
Tá breis is fiche amhrán ar eolas acu.
An t-amhrán is fearr leo ná 'Cailín na Gaillimhe'.
Rinne siad ceolchoirm don scoil ar fad um Nollaig.
Tháinig na tuismitheoirí chun iad a fheiceáil chomh maith.

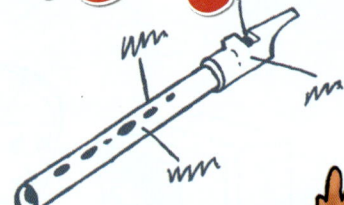

CEISTEANNA

1 **Céard a sheinneann rang a cúig?** *(What does fifth class play?)*
2 **Cathain a thosaigh siad á foghlaim?** *(When did they start learning it?)*
3 **An mbíonn orthu cleachtadh a dhéanamh sa bhaile?**
   (Do they have to practise at home?)
4 **Cé mhéad amhrán atá ar eolas acu?** *(How many songs do they know?)*
5 **An ndearna siad ceolchoirm don scoil?**
   (Did they put on a concert for the school?)

FOCLÓIR

an fheadóg stáin *the tin whistle*
á foghlaim *learning it*
an bhliain seo caite *last year*
ag cleachtadh *practising*
breis is fiche *more than twenty*
Cailín na Gaillimhe *Galway Girl*
um Nollaig *at Christmas time*

Glantachán an Earraigh

Bhí fearg ar Mhamaí.
Bhí seanéadaí, seanbhréagáin agus seantroscán i ngach áit sa teach.
Bhí Mamaí ag dul timpeall an tí le málaí móra dubha.
Bhí eagla ar Dhaidí.
Bhí gach rud ag dul isteach sna málaí dubha!

Chuaigh sí isteach i seomra Dhónaill.
Chuir sí geansaí peile, clár scátála agus ríomhaire Dhónaill sa mhála.
Thóg Dónall amach arís iad agus chuir sé i bhfolach ina sheomra codlata faoin leaba iad!

CEISTEANNA

1 **An raibh fearg ar Mhamaí?** *(Was Mammy angry?)*
2 **Céard a bhí i ngach áit sa theach?**
   (What was everywhere in the house?)
3 **Céard a bhí Mamaí ag déanamh?** *(What was Mammy doing?)*
4 **Céard a chuir sí sna málaí?** *(What did she put in the bags?)*
5 **Céard a rinne Dónall?** *(What did Dónall do?)*

FOCLÓIR

glantachán an earraigh *spring clean*
seantroscán *old furniture*
timpeall an tí *around the house*
gach rud *everything*
geansaí peile *football jersey*
clár scátála *skateboard*
chuir sé i bhfolach *he hid*

Cailín na Gaillimhe

Bhuel, do thug mé cos ar an tsiúlóid mhór,
Thart ar lár an lae.
Is do bhuail mé le cailín breá dathúil
Agus thosaíomar ag plé.

Curfá
Agus n'fheadar liom,
Cad a thiocfaidh orm,
Lena gruaig chomh dubh
Is a súile gorm.

Bhíomar leathshlí tríd nuair a d'oscail an
spéir,
Níos déanaí sa lá
Agus rith muid síos chuig an árasán,
Chomh bog an lae i-é.

Curfá
Ach thóg mé lámh,
Thug mé rince di
Agus phóg mé Cailín na Gaillimhe.

Aistrithe ón mbunamhrán 'Galway Girl' a chum Steve Earle

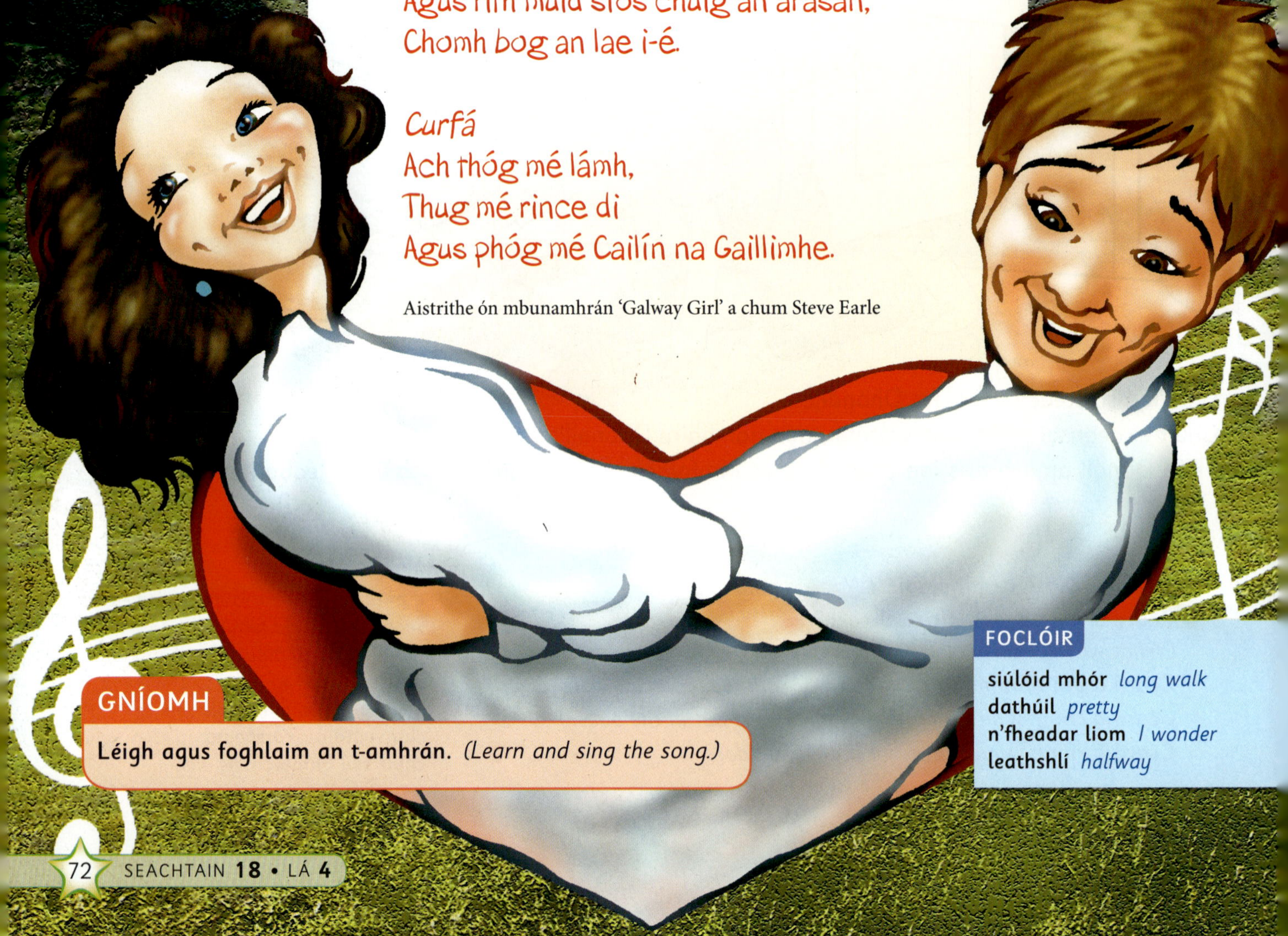

FOCLÓIR

siúlóid mhór *long walk*
dathúil *pretty*
n'fheadar liom *I wonder*
leathshlí *halfway*

GNÍOMH

Léigh agus foghlaim an t-amhrán. *(Learn and sing the song.)*

Bád Farantóireachta

Bhí an chlann ag dul ar laethanta saoire.
Ní maith le Mamaí dul ar eitleán, mar sin bhí siad ag dul ar an
mbád farantóireachta.
Bhí siad ag tógáil an chairr ar an mbád chomh maith.

Turas an-fhada a bhí ann ach bhí
cábán acu chun dul a chodladh
ann san oíche.

Perfums

Bhí an bád an-mhór ar fad agus bhí a lán áiseanna éagsúla air.
Bhí bialann, siopaí agus fiú amháin pictiúrlann ar an mbád.
D'fhéach Mamaí timpeall na siopaí don tráthnóna.
Chuaigh na páistí go dtí an phictiúrlann.
D'fhéach Daidí ar an ngalf ar an teilifís.

CEISTEANNA

1 **Cá raibh an chlann ag dul?** *(Where was the family going?)*
2 **Céard a thug siad leo ar an mbád?**
   (What did they bring with them on the boat?)
3 **Cad iad na háiseanna a bhí ar an mbád?**
   (What facilities were on the boat?)
4 **Cá ndeachaigh na páistí?** *(Where did the children go?)*
5 **Céard air ar fhéach Daidí?** *(What did Daddy watch?)*

Comórtas Bácála na hÉireann (2)

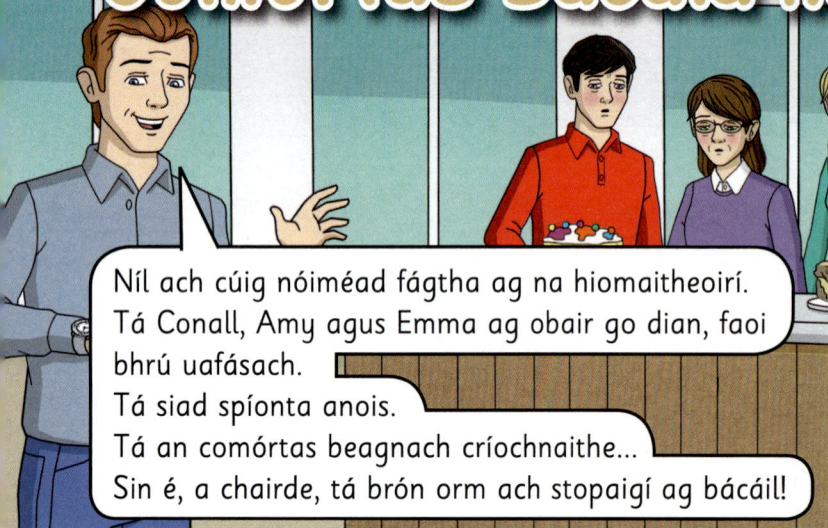

Níl ach cúig nóiméad fágtha ag na hiomaitheoirí. Tá Conall, Amy agus Emma ag obair go dian, faoi bhrú uafásach.
Tá siad spíonta anois.
Tá an comórtas beagnach críochnaithe...
Sin é, a chairde, tá brón orm ach stopaigí ag bácáil!

Seo linn Pól agus Máire, na breithiúna.

Ó, ó, tá sé uafásach, tá sé rómhilis. Cad a tharla, a Chonaill?

Níl a fhios agam. Tá brón orm.

Ní féidir liom é a ithe.

Bhuel, tá sé go hálainn, a Amy.

Aontaím le Pól, tá sé an-bhlasta. Maith thú, a Amy.

Go raibh maith agaibh.

Tá brón orm, Emma, ach is í Amy an buaiteoir... Comhghairdeas, Amy! Buíochas le gach duine, bhí an comórtas ar fheabhas!

CEISTEANNA

1 **Cé hiad na hiomaitheoirí?** *(Who are the contestants?)*
2 **An bhfuil tuirse orthu?** *(Are they tired?)*
3 **Cé hiad na breithiúna?** *(Who are the judges?)*
4 **Conas atá cáca Chonaill?** *(How is Conall's cake?)*
5 **Cé a bhuaigh an comórtas?** *(Who won the competition?)*

FOCLÓIR

iomaitheoirí *contestants*
faoi bhrú *under pressure*
spíonta *exhausted*
beagnach críochnaithe *almost finished*
breithiúna *judges*   **rómhilis** *too sweet*

Breithlá Sophie

Breithlá Sophie a bhí ann.
Chuaigh Daidí agus Órla go dtí an t-ionad siopadóireachta chun
bronntanas a cheannach di.
D'fhan Mamaí agus Sophie sa bhaile.
Ní raibh a fhios ag Sophie cad a bhí ar siúl.
Bhí Daidí agus Órla ag dul isteach is amach sna siopaí.
Tar éis tamaill chonaic Daidí gúna deas. Cheannaigh sé é.

Ansin chuaigh siad isteach sa siopa bréagán.
Cheannaigh Órla bloicíní tógála agus márla ann.

Nuair a chuaigh siad abhaile, thug
siad na bronntanais do Sophie.
Bhí sceitimíní áthais uirthi.
Lá álainn a bhí ann.

CEISTEANNA

1 Cén lá a bhí ann? *(What day was it?)*
2 Cá ndeachaigh Daidí agus Órla? *(Where did Daddy and Órla go?)*
3 Céard a cheannaigh Daidí? *(What did Daddy buy?)*
4 Céard a cheannaigh Órla? *(What did Órla buy?)*
5 Cad a rinne siad nuair a chuaigh siad abhaile?
(What did they do when they went home?)

Fógra

Ba mhaith liom grúpa ceoil a thosú!
Tá giotár agamsa.
An bhfuil drumaí nó méarchlár ag aon duine?
An féidir leat canadh?
Má tá suim agat, cuir glaoch orm!

Is breá liom gach saghas ceoil!
Is maith liom popcheol agus ceol traidisiúnta, ach is é an
rac-cheol is fearr liom!
Seinnim an giotár agus méarchlár.
Tá garáiste mór agam agus tá cead agam é a úsáid.
Má tá suim agat grúpa ceoil a thosú, cuir glaoch orm!

Ainm: Marty
Fón: 567890

CEISTEANNA

1 Cad is ainm don bhuachaill a chroch suas an fógra?
   (What is the name of the boy who hung up the notice?)
2 Céard ba mhaith leis a thosú? (What would he like to start?)
3 Cén sórt ceoil is maith le Marty? (What sort of music does Marty like?)
4 An seinneann sé aon uirlis cheoil? (Does he play any musical instrument?)
5 An bhfuil cead aige an garáiste a úsáid?
   (Does he have permission to use the garage?)

FOCLÓIR

grúpa ceoil *music group*
a thosú *to start*
méarchlár *keyboard*
suim *interest*

Teilifís

Aeróg ar an simléar,
Pictiúir thuas sa spéir,
Tagann siad le chéile,
Mór an t-iontas é.

Pictiúir de dhaoine,
Ag gáire is ag caoineadh,
Scéalta ó na tíortha,
Cogadh agus rince.

Teacht is imeacht eitleán,
Iad go léir le feiceáil,
Sorcais agus amhráin,
Leanaí agus breagáin.

Pictiúir ar an teilifís,
Bíonn siad thuas sa spéir,
Tagann siad anuas arís,
Is feicim iad go léir.

Le hÉamonn Ó Riordáin

GNÍOMH

Léigh agus foghlaim an dán. *(Read and learn the poem.)*

Margadh ar Laethanta Saoire

Bhí Clann Uí Bhairéid ag fanacht i mbaile beag sa Fhrainc ar a gcuid laethanta saoire.

Gach Céadaoin bhí margadh ar siúl sa bhaile.

Dhíol siad gach rud ann, idir bhia, ealaín, agus throscán.

Tháinig slua mór ann gach Céadaoin chun siopadóireacht a dhéanamh.

Chuaigh Mamaí lena ciseán chun cáis, arán agus torthaí a fháil ó na stainníní.

D'fhéach Daidí ar an troscán agus cheannaigh sé lampa.

D'fhéach na páistí ar an ealaín agus labhair siad leis na healaíontóirí.

Bhailigh siad le chéile ag am lóin agus chuaigh siad ar ais go dtí an teach chun lón a bheith acu.

CEISTEANNA

1 **Cá raibh Clann Uí Bhairéid?** *(Where was the Barrett family?)*

2 **Céard a bhí ar siúl gach Céadaoin?** *(What was on every Wednesday?)*

3 **Céard a dhíol siad ann?** *(What did they sell there?)*

4 **Céard air ar fhéach na páistí?** *(What did the children look at?)*

5 **Cén t-am a bhailigh siad le chéile?** *(What time did they gather together at?)*

FOCLÓIR

margadh *market*
slua mór *big crowd*
ciseán *basket*
stainníní *stalls*
troscán *furniture*
ealaíontóirí *artists*
bhailigh siad *they gathered*

Ag Dul ag Fámaireacht

Ghléas an chlann in éadaí teo agus cótaí báistí.
Bhí an aimsir fuar.
Bhí siad ag dul ag fámaireacht don lá timpeall Thuaisceart Éireann.

Bhí Daidí ag iarraidh dul chuig Béal Feirste agus na múrmhaisithe a fheiceáil.

Bhí na páistí ag iarraidh dul chun músaem an *Titanic* a fheiceáil.

Bhí Mamaí ag iarraidh dul chun Clochán an Aifir a fheiceáil.

Chaith siad an lá ag tiomáint timpeall Thuaisceart Éireann agus chonaic siad na radhairc ar fad.
Bhí tuirse mhór orthu nuair a shroich siad an baile an oíche sin.

CEISTEANNA

1 **Conas mar a ghléas an chlann?** *(What did the family wear?)*
2 **Cá raibh siad ag dul?** *(Where were they going?)*
3 **Cá raibh Daidí ag iarraidh dul?** *(Where did Daddy want to go?)*
4 **Cá raibh na páistí ag iarraidh dul?**
   (Where did the children want to go?)
5 **Céard a chaith siad an lá ag déanamh?**
   (What did they spend the day doing?)

FOCLÓIR

éadaí teo *warm clothes*
múrmhaisithe *murals*
ag dul ag fámaireacht *going sightseeing*
Tuaisceart Éireann *Northern Ireland*
Béal Feirste *Belfast*

Práta Bácáilte

Comhábhair

Tá trí phráta, arbhar,
tuinnín agus maonáis ag teastáil.

Céimeanna

1 Cuir poill le forc sna prátaí.

2 Cuir na prátaí isteach san oigheann ar feadh daichead nóiméad.

3 Faigh babhla agus cuir isteach an tuinnín, arbhar agus spúnóg amháin maonáise. Measc le chéile iad.

4 Tóg na prátaí amach as an oigheann agus cuir ar phlátaí iad.

5 Cuir píosa den mheascán ar na prátaí ar fad.

6 Bain taitneamh as!

CEISTEANNA

1 **Cad iad na comhábhair atá ag teastáil?**
(What ingredients are needed?)

2 **Cad í céim a haon?** *(What is the first step?)*

3 **Cad í céim a dó?** *(What is the second step?)*

4 **Cad í céim a ceathair?** *(What is the fourth step?)*

5 **Cad í céim a cúig?** *(What is the fifth step?)*

FOCLÓIR

práta bácáilte *baked potato*			
arbhar *corn*	**tuinnín** *tuna*		
maonáis *mayonnaise*	**poill** *holes*		
daichead *forty*	**babhla** *bowl*		

Lá 'le Pádraig

Titeann Lá 'le Pádraig ar an seachtú lá déag de mhí an Mhárta gach bliain.

Bíonn lá saor ón scoil agam.

Caitheann gach duine seamróg nó éadaí glasa.

Gach bliain, téim le mo chlann go dtí an pharáid.

Bíonn an chathair i gcónaí dubh le daoine.

Tosaíonn an pharáid ar a leathuair tar éis a dó dhéag.

Bíonn sé go hiontach.

Bíonn daoine agus páistí gléasta suas, ag siúl agus ag damhsa sa pharáid.

Bíonn an slua ag gáire. Tugann siad bualadh bos mór do na daoine sa pharáid.

Bíonn sé an-taitneamhach.

Téim abhaile an-sásta leis an lá.

Is aoibhinn liom Lá 'le Pádraig.

CEISTEANNA

1 **Cathain a bhíonn Lá 'le Pádraig ann?**
   (When is Saint Patrick's Day?)

2 **Cad a chaitheann gach duine Lá 'le Pádraig?**
   (What does everyone wear on Saint Patrick's Day?)

3 **Cén t-am a thosaíonn an pharáid?**
   (What time does the parade start?)

4 **An mbíonn sé go maith?** *(Is it good?)*

5 **An maith leis an gcailín Lá 'le Pádraig?**
   (Does the girl like Saint Patrick's Day?)

An tEarrach

Tá dhá mhí dhéag i ngach bliain.
Tá ceithre shéasúr i ngach bliain.
Tá trí mhí i ngach séasúr.
Is breá liom na séasúir dhifriúla ach is é an t-earrach an
séasúr is fearr liom.
I rith an earraigh éiríonn an aimsir níos teo.
Fásann na plandaí agus tagann na duilleoga ar ais ar na crainn.
Éiríonn na laethanta níos faide.
Bíonn páistí amuigh faoin aer ag imirt.
Bíonn na hainmhithe amuigh sna páirceanna ag ithe agus ag
súgradh freisin.

CEISTEANNA

1 **Cé mhéad mí atá i ngach bliain?**
   (How many months are there in each year?)
2 **Cé mhéad mí atá i ngach séasúr?**
   (How many months are there in each season?)
3 **Cad a tharlaíonn i rith an earraigh?** *(What happens during spring?)*
4 **Cé a bhíonn amuigh ag súgradh?** *(Who is out playing?)*
5 **Cén seasúr is fearr leatsa?** *(Which season do you prefer?)*

FOCLÓIR

dhá mhí dhéag *twelve months*
ceithre shéasúr *four seasons*
níos teo *hotter*
níos faide *longer*

Obair an Tí

Is mise Tadhg.

Tá mé i mo chónaí faoin tuath i dteach scoite.

Thuas staighre tá trí sheomra codlata agus oifig bheag.

Tá seomra folctha ann freisin.

Thíos staighre tá an halla, an chistin, seomra suí agus seomra spraoi.

Tá seomra fearais agus seomra bia thíos staighre freisin.

Déanann mo Mhamaí an chuid is mó den obair tí nuair a bhíonn mise agus mo dheartháir ar scoil.

Déanann sí an chócaireacht gach lá freisin.

Cóiríonn mise agus mo dheartháir ár leapacha gach maidin.

Glanann m'athair an carr agus na fuinneoga go minic.

CEISTEANNA

1 **Cá bhfuil Tadhg ina chónaí?** *(Where does Tadhg live?)*
2 **Cé mhéad seomra codlata atá ina theach?**
(How many bedrooms are there in his house?)
3 **Cad atá thuas staighre?** *(What is upstairs?)*
4 **Cad atá thíos staighre?** *(What is downstairs?)*
5 **Cé a dhéanann an chuid is mó den obair tí?**
(Who does the majority of the housework?)

FOCLÓIR

teach scoite *detached house*
seomra fearais *utility room*
obair tí *housework*   **cóiríonn** *make*
ár leapacha *our beds*

An Lá Scoile

Ithim mo bhricfeasta – leite agus tósta. Agus ansin ním m'aghaidh agus glanaim mo chuid fiacla.

An Luan atá ann.
Táim ag dul ar scoil.
Dúisím ar a leathuair tar éis a seacht.

Cuirim m'éide scoile orm. Cuirim mo lón isteach i mo mhála scoile.

Fágaim mo theach ar a ceathrú tar éis a hocht. Téim ar scoil ar mo rothar. Buailim le mo chara ar an mbealach.

Tosaíonn an scoil ar a deich chun a naoi.

Críochnaíonn sé ar a leathuair tar éis a dó.
Téim abhaile ansin.

CEISTEANNA

1 Cén t-am a dhúisíonn Ciara? *(What time does Ciara wake up?)*
2 Cad a chuireann sí uirthi? *(What does she put on?)*
3 Cén t-am a fhágann sí an teach? *(What time does she leave the house?)*
4 Conas a théann sí ar scoil? *(How does she go to school?)*
5 Cathain a chríochnaíonn an lá scoile? *(What time does the school day finish?)*

FOCLÓIR

leite *porridge*
ar an mbealach *on the way*

Na Séasúir

Is fearr liom an samhradh
Ná aon séasúr eile,
Na laethanta saoire
Agus cluichí peile.

Is fuath liom an fómhar,
Na páistí ag gol,
An ghrian fós sa spéir,
Ach ní mór dul ar scoil.

Is breá liom an geimhreadh,
Is mé i mo chodladh,
Ag feitheamh le cuairt
Ó Dhaidí na Nollag.

Is breá liom an t-earrach,
I lár mhí an Mhárta,
Lá Fhéile Pádraig
Agus uibheacha Cásca.

Le Dominic Ó Braonáin

GNÍOMH

Léigh agus foghlaim an dán. *(Read and learn the poem.)*

FOCLÓIR

na séasúir *the seasons*
is fuath liom *I hate*   ag gol *crying*
ach ní mór dul *but we must go*
ag feitheamh *waiting*   cuairt *visit*

Ceiliúradh na Cásca

Tá mo chlann ag dul chuig Ciarraí don deireadh seachtaine.
Tá cónaí ar Aintín Nuala agus ar Uncail Páid ansin.
Tá teach an-mhór acu agus fanfaidh gach duine ann.
Tá an chlann ar fad ag dul ann do cheiliúradh na Cásca.
Beidh Aintín Josie agus Uncail Colm ann, chomh maith le
mo chol ceathracha Leah, Cathal agus Séamaí.
Beidh Mamó agus Daideo ag teacht ó Mhaigh Eo agus
beidh m'uncail Conall ag teacht ó Luimneach.
Beidh lón mór againn Domhnach Cásca i ndiaidh an aifrinn.

CEISTEANNA

1 **Cá bhfuil an chlann ag dul don deireadh seachtaine?**
(Where is the family going for the weekend?)

2 **Cé atá ina gcónaí ansin?** *(Who lives there?)*

3 **Cén fáth a bhfuil an chlann ar fad ag dul ann?**
(Why is the whole family going there?)

4 **Cá as a mbeidh Mamó agus Daideo ag teacht?**
(Where will Granny and Grandad be coming from?)

5 **Céard a bheidh ar siúl Domhnach Cásca?**
(What will be happening on Easter Sunday?)

FOCLÓIR

ceiliúradh *celebration*
fanfaidh gach duine *everyone will stay*
aifreann *Mass*

Uibheacha Cásca

Chuaigh an chlann go dtí an t-ollmhargadh.

Bhí siad ag dul ann chun uibheacha Cásca a fháil.

Bhí sceitimíní ar na páistí.

Chuaigh siad isteach agus bhí pasáiste lán le gach saghas uibheacha ann.

Roghnaigh Tom ubh mhór ghorm le cupán léi.

Roghnaigh Síle ceann le dhá ubh bheaga agus ubh mhór amháin ann.

Roghnaigh Dara ubh le bosca seacláide léi.

Roghnaigh Art teidí mar níl cead aige seacláid a ithe.

D'íoc Daidí astu agus chuaigh siad ar fad abhaile sona sásta.

CEISTEANNA

1 **Cá ndeachaigh an chlann?** *(Where did the family go?)*
2 **Céard a bhí siad ag fáil?** *(What were they getting?)*
3 **Céard a bhí sa phasáiste?** *(What was in the aisle?)*
4 **Céard a roghnaigh Síle?** *(What did Síle pick?)*
5 **Céard a roghnaigh Art?** *(What did Art pick?)*

FOCLÓIR

ollmhargadh *supermarket*
sceitimíní *excitement*   **pasáiste** *aisle*
gach saghas *every kind*   **roghnaigh** *picked*

Ainmhithe agus Éisc na Trá

Tá a lán ainmhithe nó iasc le fáil ag an trá.
Seo liosta de roinnt acu agus eolas neamhchoitianta fúthu!

Portán
Is iasc sliogánach é.
Tá a shúile ar ghasanna ar a cheann!
Siúlann agus snámhann portán i leataobh.

Smugairle róin
Ní iasc é.
Níl aon inchinn aige!
I roinnt tíortha, itheann daoine é!

Crosóg mhara
Cónaíonn an chrosóg mhara ar thóin na farraige.
Tá cruth réalta uirthi agus tá súil amháin ar gach spíce.

CEISTEANNA

1 **Cá bhfuil súile an phortáin?** *(Where are the crab's eyes?)*

2 **Conas a shiúlann agus a shnámhann an portán?**
(What way does the crab walk and swim?)

3 **An bhfuil aon inchinn ag an smugairle róin?**
(Does the jellyfish have a brain?)

4 **Cá gcónaíonn an chrosóg mhara?**
(Where does the starfish live?)

5 **Cá bhfuil súile na crosóige mara?**
(Where are the starfish's eyes?)

FOCLÓIR

neamhchoitianta *unusual*	portán *crab*
iasc sliogánach *shellfish*	gasanna *stalks*
i leataobh *sideways*	
smugairle róin *jellyfish*	inchinn *brain*
crosóg mhara *starfish*	
tóin na farraige *the bottom of the sea*	
spíce *spike*	

Seachtain na Gaeilge

Seachtain na Gaeilge i Scoil Chaitríona, Leitir Ceanainn

Márta 23–26

Dé Luain: Ceolchoirm
Beidh páistí agus grúpaí ag damhsa, ag canadh agus ag seinm ceoil ar a deich a chlog i halla na scoile.

Dé Máirt: Scannán
Beidh Harry Potter agus an Órchloch ar siúl ar a naoi a chlog i halla na scoile.

Dé Céadaoin: Seanchaí
Beidh seanchaí ag insint scéalta sa leabharlann.

Déardaoin: Tráth na gCeist
Beidh tráth na gceist ar siúl i halla na scoile ar a leathuair tar éis a deich.

Dé hAoine: Céilí Mór
Beidh banna ceoil traidisiúnta ag seinm i halla na scoile i rith an lae.
Beidh gach duine – páistí agus múinteoirí – ag damhsa!

Beidh an-spraoi againn!

CEISTEANNA

1 Cá mbeidh an cheolchoirm ar siúl? *(Where will the concert be?)*
2 Cad a bheidh ar siúl Dé Máirt? *(What will be happening on Tuesday?)*
3 Cad a bheidh ar siúl sa leabharlann?
(What will be happening in the library?)
4 Cén t-am a bheidh tráth na gceist ar siúl?
(What time will the table quiz be on?)
5 Cad a bheidh ar siúl Dé hAoine? *(What will be happening on Friday?)*

FOCLÓIR

Leitir Ceanainn *Letterkenny*
ceolchoirm *concert*
seanchaí *storyteller*
tráth na gceist *table quiz*

Amadán Aibreáin

An chéad lá de mhí Aibreáin a bhí ann.
Bhí imní ar na múinteoirí – is fuath leo an lá sin.
Shiúil an múinteoir isteach sa seomra ranga go cúramach.

Chuir na páistí fáilte roimpi.
D'fhéach sí ar an gcathaoir, taobh thiar den doras, faoin mbord.
Bhí na páistí ag gáire.
Tar éis tamaill thosaigh sí ag múineadh.

Ó, a mhúinteoir, féach! Tá damhán alla ar do cheann!

Léim an múinteoir suas!

Amadán Aibreáin!

Phléasc na páistí amach ag gáire.
Bhí fearg ar an múinteoir.

Nuair a bhí sé in am dul abhaile, chuir an múinteoir a lán obair bhaile ar an gclár bán.
Ní raibh na páistí ag gáire ansin.

Ansin phléasc an múinteoir amach ag gáire...

Amadán Aibreáin!

CEISTEANNA

1 **Cén lá a bhí ann?** (What day was it?)
2 **An raibh imní ar na páistí?** (Were the children worried?)
3 **Conas a shiúil an múinteoir isteach sa seomra ranga?**
   (How did the teacher walk into the classroom?)
4 **Cár fhéach sí?** (Where did she look?)
5 **Cad a chuir an múinteoir ar an gclár bán?**
   (What did the teacher put on the whiteboard?)

FOCLÓIR

Amadán Aibreáin *April Fool*
go cúramach *carefully*
taobh thiar *behind*
damhán alla *spider*
phléasc na páistí amach ag gáire
the children burst out laughing

Ciara ar an Teilifís

Lá amháin bhí Ciara agus a cairde ag dul ag siopadóireacht.
Bhuail Ciara lena cairde ag an stáisiún traenach.
Chuaigh siad ar an traein go dtí an t-ionad siopadóireachta
i lár an bhaile.
Chaith siad cúpla uair an chloig ag siopadóireacht.
Ansin chuaigh siad isteach sa chaife agus d'ól
siad seacláid the.
Nuair a bhí siad ag dul abhaile chonaic
na cailíní TG4 ag an doras.

An féidir liom cúpla ceist a chur ort?

Is féidir, cinnte.

Cad a cheannaigh tú inniu?

Cheannaigh mé éadaí agus bróga.

Cad é an siopa is fearr leat?

Paisean Faisean, gan dabht!

Go raibh maith agat, beidh tú ar
an teilifís anocht ar a sé a chlog.

Tháinig Ciara abhaile agus í ar bís.
Ar a sé a chlog chuir sí TG4 ar siúl.
Bhí áthas an domhain uirthi.

Sin mise, sin mise ar an teilifís!

CEISTEANNA

1 **Cá raibh Ciara ag dul?** *(Where was Ciara going?)*
2 **Cá ndeachaigh siad ar an traein?** *(Where did they go on the train?)*
3 **Tar éis na siopaí cá ndeachaigh siad?** *(After the shops, where did they go?)*
4 **Cad a chonaic na cailíní ag an doras?** *(What did the girls see at the door?)*
5 **Cad a cheannaigh Ciara?** *(What did Ciara buy?)*

FOCLÓIR

seacláid the *hot chocolate*

Mise agus mo Chuid Mothúchán

Dé Sathairn is breá liom fanacht sa leaba.
Is fuath liom éirí ar maidin.
Is duine leisciúil mé Dé Sathairn.

Dé Domhnaigh is breá liom bricfeasta mór a ithe.
Is duine santach mé Dé Domhnaigh.

Dé Luain is breá liom bualadh le mo chairde agus caint le mo mhúinteoir.
Is duine cairdiúil mé Dé Luain.

Is breá liom a bheith ag labhairt ar an bhfón le mo chol ceathrar agus ag caint le mo chairde ar scoil, gan stad.
Is duine cainteach mé.

Is breá liom a bheith ag canadh sa chithfolcadh agus i mo sheomra codlata.
Ní maith liom a bheith ar an stáitse.
Is duine neirbhíseach mé.

CEISTEANNA

1 **Cén sórt duine é Dé Sathairn?** *(What sort of person is he on Saturday?)*
2 **Cén sórt duine é Dé Domhnaigh?** *(What sort of person is he on Sunday?)*
3 **Cén sórt duine é Dé Luain?** *(What sort of person is he on Monday?)*
4 **An maith leis labhairt ar an bhfón?** *(Does he like talking on the phone?)*
5 **An maith leis canadh ar an stáitse?** *(Does he like singing on stage?)*

FOCLÓIR

leisciúil *lazy*
santach *greedy*
cairdiúil *friendly*
cainteach *talkative*
neirbhíseach *nervous*

Cuairt mo Chol Ceathrair ①

An Aoine atá ann.
Tá sceitimíní áthais ar Laura mar tá a col ceathrar Juliette ag teacht ar cuairt.
Tá sí agus a daidí ag an stáisiún traenach ag fanacht.

Féach, a Laura, tá an traein ag teacht.

EEEccc, táim ar bís!

A Juliette, Juliette, táimid anseo! Conas atá tú?

Dia daoibh, táim go hiontach.

Tabhair dom do mhála, Juliette, tá an carr amuigh ar an tsráid.

Nuair a shroich siad an teach, rith na cailíní suas an staighre.

Chaith na cailíní an tráthnóna ag caint agus ag gáire le chéile.

Tá seomra codlata nua agam!

Ó, tá sé go hálainn, a Laura. Is breá liom dath na mballaí!

CEISTEANNA

1 **Cén lá atá ann?** *(What day is it?)*
2 **Cén fáth a bhfuil sceitimíní áthais ar Laura?** *(Why is Laura very excited?)*
3 **Cá bhfuil Laura agus a Daidí?** *(Where are Laura and her Daddy?)*
4 **Cá bhfuil an carr?** *(Where is the car?)*
5 **An maith le Juliette dath na mballaí?**
(Does Juliette like the colour of the walls?)

FOCLÓIR

ag teacht ar cuairt *coming to visit*
shroich siad *they arrived*

Sábháilteacht san Fharraige

Ná bí ag snámh i d'aonar.

Bí ag snámh comhthreomhar leis an mbruach. Ná bí ag snámh amach.

Tabhair aire d'fhógraí rabhaidh.

Ná téigh ag snámh ar feadh uair an chloig, ar a laghad, i ndiaidh bheith ag ithe.

Ná bí ag luí ar thocht aeir mar is féidir leat dul le sruth i ngan fhios duit féin.

An Astráil

Ná bí ag tumadh in áit nach bhfuil eolas agat uirthi.

CEISTEANNA

1 **Céard é fógra a haon?** *(What is the first notice?)*
2 **Céard é fógra a ceathair?** *(What is the fourth notice?)*
3 **Céard é fogra a cúig?** *(What is the fifth notice?)*
4 **Céard é fogra a sé?** *(What is the sixth notice?)*
5 **An féidir leat smaoineamh ar aon phointí sábháilteachta eile?** *(Can you think of any other safety points?)*

FOCLÓIR

sábháilteacht san fharraige *safety in the sea*
ná bí *don't be*   **i d'aonar** *alone*
comhthreomhar *parallel*   **bruach** *shore*
fógraí rabhaidh *warning signs*
ar a laghad *at least*   **tocht aeir** *airbed*
dul le sruth *drift*
i ngan fhios duit féin *without you knowing*
nach bhfuil eolas agat air *that you don't know*
ag tumadh *diving*

An Comórtas Eoraifíse

Oíche Dé Sathairn a bhí ann.
Bhí an chlann i dteach a gcomharsan.
Bhailigh gach duine ón eastát tithíochta le chéile chun féachaint ar an gComórtas Eoraifíse.
Bhí sailéid agus cístí deasa le hithe agus bhí beárbaiciú ar siúl sa ghairdín.

Phioc gach duine tír chun tacaíocht a thabhairt di.
Bhí an-chuid amhrán iontach ann.
Rinne gach duine bualadh bos nuair a chan Éire.
Sa deireadh bhí an bua ag An Spáinn.
Bhí Mamaí ar bís mar roghnaigh sí an Spáinn ag tús na hoíche.

CEISTEANNA

1 **Cá raibh an chlann?** *(Where was the family?)*
2 **Cé a bhailigh ann?** *(Who gathered there?)*
3 **Céard a bhí ann le hithe?** *(What was there to eat?)*
4 **Céard a phioc gach duine?** *(What did everyone pick?)*
5 **Cén fáth a raibh Mamaí ar bís?** *(Why was Mammy excited?)*

FOCLÓIR

An Comórtas Eoraifíse *Eurovision Song Contest*
comharsa *neighbour*
eastát tithíochta *housing estate*
tacaíocht a thabhairt *to support*
bualadh bos *applause*

Brú na Bóinne

Tá sé suite i gContae na Mí gar don Bhóinn.

Is carn mór é le pasáiste agus seomra adhlachta ann.

Tá féar ag fás ar a bharr chomh maith.

Tá an-chuid snoíodóireachta áille le feiceáil taobh amuigh and taobh istigh den charn.

Tugann suas le dhá chéad míle (200,000) duine cuairt ar Bhrú na Bóinne gach bliain.

Ar an 21ú Nollaig gach bliain tarlaíonn grianstad an gheimhridh.

Is am an-speisialta é seo ag Brú na Bóinne mar tagann solas na gréine isteach sa phasáiste agus sa seomra.

CEISTEANNA

1 **Cá bhfuil Brú na Bóinne suite?**
   (Where is Newgrange situated?)

2 **Cad é?** *(What is it?)*

3 **Cén fáth ar tógadh é?** *(Why was it built?)*

4 **Cé mhéad duine a thugann cuairt air gach bliain?**
   (How many people visit it each year?)

5 **Céard a tharlaíonn ar an 21ú Nollaig?**
   (What happens on 21 December?)

FOCLÓIR

Brú na Bóinne *Newgrange*   **gar do** *nearby*
carn *mound*   **pasáiste** *passageway*
seomra adhlachta *burial chamber*
grianstad an gheimhridh *winter solstice*

Cuairt mo Chol Ceathrar ②

Bhí Laura agus Juliette ag dul amach.
Bhí siad ag dul go dtí an zú i mBaile
Átha Cliath.
Lá breá brothallach a bhí ann agus bhí
na cailíní ag tnúth go mór leis.
Cheannaigh siad na ticéid ag an ngeata.
Fuair siad mapa den zú freisin.

D'fhéach siad ar an mapa agus ansin
shiúil siad ar chlé.
Ar an mbealach chonaic siad liopard
sneachta, goraille agus mac tíre.

I 'Sabhána na hAfraice', chonaic
siad sioráf agus séabra.

I dteach na bpéisteanna chonaic siad
nathair nimhe agus crogall.
Bhí eagla ar Juliette agus rith sí amach.

Bhí na cailíní ag éirí tuirseach, ach sula ndeachaigh siad
abhaile, chonaic siad na rónta ag súgradh agus ag pleidhcíocht.
Bhí siad an-ghreannmhar. Bhí an-lá ag na cailíní.

CEISTEANNA

1 Cá raibh Laura agus Juliette ag dul?
   (Where were Laura and Juliette going?)
2 Cén sórt lae a bhí ann? (What sort of day was it?)
3 Ainmnigh na hainmhithe a chonaic siad.
   (Name the animals they saw.)
4 Céard a chonaic siad i dteach na
   bpéisteanna? (What did they see in the reptile house?)
5 Cé a bhí an-ghreannmhar? (Who was very funny?)

FOCLÓIR

brothallach *hot*
ag tnúth go mór leis *looking forward to it*
liopard sneachta *snow leopard*
mac tíre *wolf*   sioráf *giraffe*
séabra *zebra*
teach na bpéisteanna *reptile house*
nathair nimhe *snake*   crogall *crocodile*
sula ndeachaigh siad abhaile
before they went home
rónta *seals*   ag pleidhcíocht *fooling around*

'Cad atá ag tarlú dom?' arsa mise liom féin,
Is mé ag féachaint sa scáthán,
'Táim ag fás, sin é,' arsa mise liom féin,
'Faoi mar a tharla do mo dheartháir Seán.'

'Cad atá i ndán dom?' arsa mise liom féin,
Is mé ag féachaint sa scáthán,
'Ag dul in aois,' arsa mise liom féin,
'Faoi mar a tharla don seanghluaisteán!'

'Cad a tharlóidh dom?' arsa mise liom féin,
Is mé ag féachaint sa scáthán,
'An mbeidh mé dathúil is ard?' arsa mise liom féin,
'Faoi mar atá mo dheartháir Seán.'

'Beidh mé ciallmhar is cliste,' arsa mise liom féin.
Sin a dúirt mé leis an scáthán.
'Mar níl éinne mar mé,' arsa mise liom féin
'Fiú mo dheartháir mór Seán.'

Le Con Ó Tuama

GNÍOMH

Léigh agus foghlaim an dán. *(Read and learn the poem.)*

FOCLÓIR

ag tarlú *happening*		**scáthán** *mirror*	
a tharla *happened*		**i ndán dom** *in store for me*	
seanghluaisteán *old car*		**tarlóidh** *will happen*	
dathúil *handsome*		**ciallmhar** *sensible*	
cliste *clever*		**éinne** *anybody*	

Seachtain na Leabhar

Seachtain na Leabhar a bhí ann.
Bhí rang a cúig sa leabharlann istigh sa bhaile mór.
Thóg siad leabhar amach agus shiúil siad ar ais ar scoil.
Chaith siad fiche nóiméad ag léamh na leabhar nua nuair a tháinig siad ar ais.

Bhí a lán rudaí suimiúla ar siúl sa scoil i rith na seachtaine.
Bhí margadh leabhar ar siúl Dé Máirt.
Bhí comórtas ealaíne agus comórtas filíochta ar siúl i rith na seachtaine.
Ar an Aoine, tháinig údar Éireannach ar cuairt.
D'inis sé a scéal féin do na páistí agus léigh sé do na páistí freisin.
Bhain na páistí agus na múinteoirí go léir an-taitneamh as Seachtain na Leabhar.

CEISTEANNA

1 **Cén tseachtain a bhí ann?** *(What week was it?)*
2 **Cá raibh rang a cúig?** *(Where was fifth class?)*
3 **Céard a rinne na páistí nuair a tháinig siad ar ais?**
   (What did the children do when they came back?)
4 **Cad a bhí ar siúl sa scoil i rith na seachtaine?**
   (What was on in the school during the week?)
5 **Cé a tháinig go dtí an scoil ar an Aoine?**
   (Who came to the school on Friday?)

FOCLÓIR

Seachtain na Leabhar *Book Week*
comórtas ealaíne *art competition*
comórtas filíochta *poetry competition*
údar *author*
an-taitneamh *much enjoyment*

Díolachán Cácaí

Bhí rang a cúig i leabharlann na scoile.
Bhí siad ag tabhairt amach.

Tá na leabhair róshean.

A mhúinteoir, a mhúinteoir, féach ar na leabhair! Tá siad róshean – ní féidir linn iad a léamh.

Ó, tá siad, ach níl aon airgead ag an bpríomhoide agus bíonn leabhair an-daor.

Beidh díolachán cácaí againn agus tabharfaimid an t-airgead don phríomhoide chun leabhair nua a cheannach.

Chroch na páistí fógraí timpeall na scoile.
D'iarr siad ar na páistí cácaí milse nó barróga a dhéanamh.
Bhí an díolchán cácaí ar siúl ar an Aoine.
Bhí rang a cúig ag tnúth go mór leis.
Bhí bród mór orthu ag deireadh an lae.
Thug siad an t-airgead don phríomhoide.

Go hiontach!

Tar éis coicíse bhí an leabharlann lán le leabhair nua.

CEISTEANNA

1 **Cá raibh rang a cúig?** *(Where was fifth class?)*
2 **Cén fáth a raibh siad ag tabhairt amach?**
   (Why were they giving out?)
3 **Cad a chroch na páistí suas?** *(What did the children hang up?)*
4 **Cad a bhí ar siúl ar an Aoine?**
   (What was happening on Friday?)
5 **Cad a bhí sa leabharlann tar éis coicíse?**
   (What was in the library after a fortnight?)

FOCLÓIR

díolachán cácaí *cake sale*
an-daor *very expensive*
barróga *buns*
bhí bród mór orthu *they were very proud*

Corn an Domhain

Is breá le Ruairí agus Daidí sacar.
Téann siad chuig gach cluiche a imríonn
foireann na hÉireann i Staidiam Aviva.

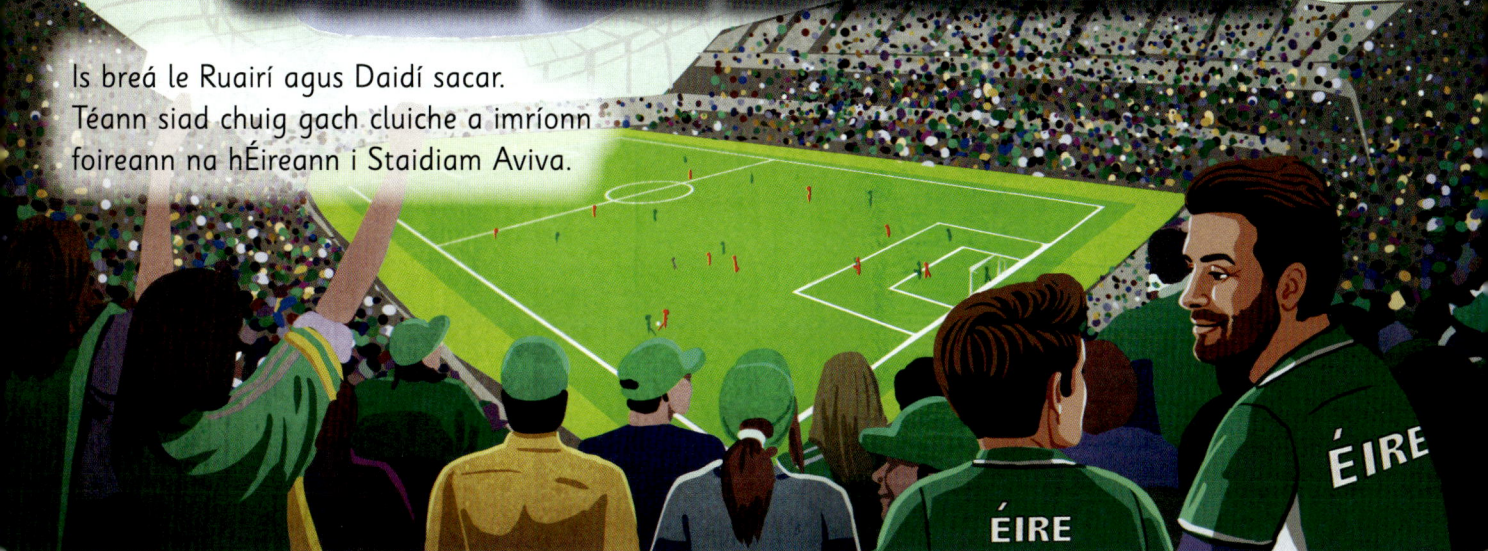

Beidh Corn an Domhain ar siúl sa Spáinn i mbliana.
Tá Éire i gCorn an Domhain an samhradh seo agus tá Ruairí agus Daidí
ag dul go dtí an Spáinn chun tacaíocht a thabhairt don fhoireann.
Beidh foireann na hÉireann ag imirt cluichí in aghaidh na Gearmáine,
na Cróite, na Sualainne agus na hAirgintíne.
Rachaidh Ruairí agus a Dhaidí chuig na cluichí ar fad.
Tá foireann mhaith agus traenálaí maith ag Éirinn i mbliaina.

CEISTEANNA

1 **An maith le Ruairí agus Daidí sacar?** *(Do Ruairí and Daddy like soccer?)*
2 **Cén fáth a dtéann siad chuig Staidiam Aviva?**
   (Why do they go to the Aviva Stadium?)
3 **Cá mbeidh Corn an Domhain i mbliana?**
   (Where will the World Cup be played this year?)
4 **Cé in aghaidh a mbeidh foireann na hÉireann ag imirt?**
   (Who will the Irish team be playing against?)
5 **An bhfuil foireann mhaith ag Éirinn i mbliaina?**
   (Does Ireland have a good team this year?)

FOCLÓIR

Corn an Domhain *World Cup*
tacaíocht *support*
An Ghearmáin *Germany*
An Chróit *Croatia*
An tSualainn *Sweden*
An Airgintín *Argentina*
traenálaí *trainer*

Cuairt ar na Seantuismitheoirí

Bhí Mamaí agus Daidí ag dul chuig bainis agus bhí na páistí ag fanacht lena seantuismitheoirí.
Bhailigh Daideo na páistí i ndiaidh na scoile agus thug sé ag iascaireacht iad síos chuig an trá.
Lá breá grianmhar a bhí ann agus bhí an trá dubh le daoine.
Bhí picnic acu a rinne Mamó dóibh.

Dé Satharn, chuaigh siad ag snámh sa linn snámha le Mamó agus rinne Daideo an lón dóibh.

I ndiaidh an lóin chuaigh siad ar shiúlóid sna coillte. Bhailigh Mamaí agus Daidí iad an oíche sin agus bhí siad ar fad tuirseach traochta.

CEISTEANNA

1 Cá raibh Mamaí agus Daidí ag dul?
   (Where were Mammy and Daddy going?)

2 Cé a bhailigh na páistí ón scoil?
   (Who collected the children from school?)

3 Cén saghas lae a bhí ann? *(What kind of day was it?)*

4 Céard a bhí acu ar an trá? *(What did they have on the beach?)*

5 Céard a rinne siad Dé Sathairn? *(What did they do on Saturday?)*

FOCLÓIR

seantuismitheoirí *grandparents*
bainis *wedding*
ag fanacht *staying*
bhailigh *collected*
ag iascaireacht *fishing*
siúlóid *a walk*   coillte *woods*

Ar Thóir na n-Éan

Maidin Dé Sathairn a bhí ann. Bhí an aimsir go hálainn.
Bheartaigh an chlann dul ar shiúlóid le Sadie in aice na n-aillte.
Scaoil siad Sadie ón iall agus rith sí ar nós na gaoithe síos an cosán.
Chuaigh sí ar tóir na n-éan.
Ghlaoigh Mamaí uirthi ach níor éist sí, lean sí ar aghaidh ag rith.
Rith Daidí ina diaidh, ach bhí sí ró-thapaidh dó.
Rith na páistí níos tapúla ná Daidí timpeall an choir.
Stop siad ag rith agus thosaigh siad ag gáire.
Bhí Sadie in suí ag fanacht orthu lena teanga amach as a béal!

CEISTEANNA

1 **Cén lá a bhí ann?** *(What day was it?)*
2 **Cár bheartaigh an chlann dul?** *(Where did the family decide to go?)*
3 **Céard air a ndeachaigh Sadie ar a dtóir?** *(What did Sadie chase?)*
4 **Cé a ghlaoigh uirthi?** *(Who called her?)*
5 **Cé a rith níos tapúla ná Daidí?** *(Who ran faster than Dad?)*

FOCLÓIR

ar thóir na n-éan *chasing the birds*
bheartaigh *decided*
in aice na n-aillte *beside the cliffs*
iall *lead*   **cosán** *path*
róthapaidh *too fast*
timpeall an choir *around the bend*
teanga *tongue*

Timpeall an Domhain

Tá an domhan an-mhór ar fad.

Tá 71% den domhan clúdaithe le huisce.

Tá seacht mór-roinn ar domhan.

Tá 196 tír ar domhan.

Tá níos mó ná 180 príomhabhainn ar domhan.

Tá níos mó ná 10,000 sliabh ar domhan.

Tá timpeall 6,500 teanga éagsúil ar domhan.

Tá níos mó ná seacht mbilliún duine ar domhan.

CEISTEANNA

1 **Cé mhéad den domhan atá clúdaithe le huisce?**
   (How much of the world's surface is covered in water?)

2 **Cé mhéad mór-roinn atá ar domhan?**
   (How many continents are there in the world?)

3 **Cé mhéad tír atá ar domhan?** *(How many countries are there in the world?)*

4 **Cé mhéad teanga éagsúil atá ar domhan?**
   (How many different languages are there in the world?)

5 **Cé mhéad duine atá ar domhan?** *(How many people are there in the world?)*

FOCLÓIR

clúdaithe *covered*
mór-roinn *continent*
tír *country*
príomhabhainn *major river*
sléibhte *mountains*
teanga *language*

Ceacht Gaeilge

Dúirt an múinteoir, 'Cuir ceist ar do chara. Cad a d'ith tú don bhricfeasta inniu?'

Tá ceapaire sicín, banana, sú oráiste agus iógart i mo bhosca lóin.

Conor

D'ith mé tósta, banana agus d'ól mé sú óráiste don bhricfeasta. Cad a d'ith tú?

D'ith mé leite agus tósta agus d'ól mé sú úill. Cad atá i do bhosca lóin inniu?

Ciara

Tá ceapaire sicín, úll agus iógart agam.

Cad é an bia is fearr leat?

Is fearr liom pónairí le tósta ná aon bhia eile agus mar mhilseog is fearr liom sailéad torthaí. Cad é an bia is fearr leat?

Is fearr liom sicín rósta le prátaí agus glasraí. An maith leat leite?

Is maith mar tá sé an-bhlasta agus sláintiúil.

CEISTEANNA

1 **Cad a dúirt an múinteoir?** (What did the teacher say?)
2 **Cad atá i mbosca lóin Ciara?** (What is in Ciara's lunch box?)
3 **Cad atá i mbosca lóin Conor?** (What is in Conor's lunch box?)
4 **Cad é an bia is fearr le Ciara?** (What is Ciara's favourite food?)
5 **Cad é an bia is fearr le Conor?** (What is Conor's favourite food?)

FOCLÓIR

sú úill *apple juice*
sú oráiste *orange juice*
sailéad torthaí *fruit salad*
sláintiúil *healthy*

Rialacha na Scoile

An Luan a bhí ann.
Ní raibh sé ach a leathuair tar éis a naoi, ach bhí Bradley i dtrioblóid arís.
Bhí fearg an domhain ar an bpríomhóide.
Bhí sí ag tabhairt amach san oifig.
Thug sí bileog do Bhradley. 'Rialacha na Scoile' an teideal a bhí air.

Rialacha na Scoile

Níl cead agat screadaíl sa scoil.
Níl cead agat dearmad a dhéanamh ar do chuid obair bhaile.
Bí cineálta.
Bí ciúin sa leabharlann scoile.

Scríobh amach na rialacha seo, a Bhradley, agus feicfidh mé thú anseo arís amárach.
Níl cead agat dul amach sa chlós, inniu ná amárach.
Téigh ar ais go dtí do sheomra ranga go tapa.

CEISTEANNA

1 **Cén lá a bhí ann?** *(What day was it?)*
2 **Cén t-am a bhí sé?** *(What time was it?)*
3 **Cé a bhí i dtrioblóid?** *(Who was in trouble?)*
4 **Cad a bhí ar an mbileog?** *(What was on the leaflet?)*
5 **An bhfuil rialacha i do scoil?** *(Are there rules in your school?)*

FOCLÓIR

rialacha *rules*		i dtrioblóid *in trouble*	
ag tabhairt amach *giving out*			
bileog *leaflet*		an teideal *the title*	
screadaíl *shout*			
dearmad a dhéanamh *to forget*			
cineálta *kind*			

Imríonn Larry Leadóg

Imríonn Larry leadóg gach Satharn ar a deich a chlog.
Tugann Daidí é go dtí an chúirt leadóige.
Bíonn a chara Ellie ag an gcúirt gach Satharn freisin.
Bíonn liathróidí agus raicéid leadóige ag na páistí.
Tosaíonn siad ag imirt.
Seirbheálann Larry ar dtús.
Caitheann sé an liathróid suas san aer agus buaileann sé í thar an líon leadóige.
Buaileann Ellie an liathróid ar ais chuige, arís thar an líon leadóige.
Buaileann na páistí an liathróid arís is arís.
Má bhuaileann siad an liathróid thar bhunlíne na cúirte faigheann an páiste eile scór.
Is breá leo leadóg.

CEISTEANNA

1 **Cathain a imríonn Larry leadóg?** *(When does Larry play tennis?)*
2 **Cé eile a bhíonn ag an gcúirt gach Satharn?**
   (Who else is at the court every Saturday?)
3 **Cé a sheirbheálann ar dtús?** *(Who serves first?)*
4 **Cad a dhéanann sé?** *(What does he do?)*
5 **Cad a dhéanann Ellie?** *(What does Ellie do?)*

Cúchulainn

Bhí buachaill ann fadó.
Setanta ab ainm dó.
Bhí a uncail Conchúr ina rí.
Lá amháin bhí a uncail ag dul chuig
féasta i ndún Chulainn.
Bhí Setanta ag imirt iománaíochta
lena chairde.

Chuaigh sé go dtí an féasta freisin
nuair a bhí an cluiche thart.
Nuair a shroich Setanta an áit,
chonaic sé cú fíochmhar os comhair an dúin.
Thosaigh an cú ag rith ina threo.
Bhí a chamán agus a shliotar ina lámh ag Setanta.
Bhuail sé an sliotar agus chuaigh sé siar i scornach an chú.

Mharaigh sé é.
Bhí brón an domhain ar Chulann
nuair a chonaic sé a chú marbh.
'Cosnóidh mise do dhún go mbeidh
cú eile agat,' arsa Setanta.
Sin an fáth ar thug gach duine
Cúchulainn mar ainm air.

CEISTEANNA

1 **Cad ab ainm don bhuachaill?** *(What was the boy's name?)*
2 **Cá raibh a uncail ag dul?** *(Where was his uncle going?)*
3 **An raibh Setanta ag imirt peile?** *(Was Setanta playing football?)*
4 **Cad a chonaic sé nuair a shroich sé an féasta?**
   (What did he see when he reached the feast?)
5 **Cad a tharla ina dhiaidh sin?** *(What happened after that?)*

FOCLÓIR

fadó *long ago*
dún Chulainn *Culann's fort*
iománaíocht *hurling*
cú fíochmhar *fierce hound*
camán *hurley*   scornach *throat*
mharaigh sé *he killed*
cosnóidh mise *I will guard*

An Ghaeltacht

Bhí rang a cúig ag dul chuig an nGaeltacht ar feadh seachtaine.

Bhí siad ag dul don Ghaeltacht i gConamara.

D'fhág siad an scoil maidin Dé Luain.

Nuair a shroich siad an scoil i gConamara, bhuail siad leis na múinteoirí agus an príomhoide.

Bhí siad ag fanacht i dtithe le 'bean an tí' a bhí ag tabhairt aire dóibh don tseachtain.

Áit dheas chiúin a bhí i gConamara i gcomparáid le Baile Átha Cliath.

Chuaigh na páistí chuig ranganna gach maidin agus chuaigh siad ar thurais gach tráthnóna.

Thaitin an t-am sa Ghaeltacht go mór leo.

CEISTEANNA

1 **Cá raibh rang a cúig ag dul?** *(Where was fifth class going?)*
2 **Céard a rinne siad nuair a shroich siad an scoil i gConamara?** *(What did they do when they reached the school in Connemara?)*
3 **Cé leis a raibh siad ag fanacht?** *(Who were they staying with?)*
4 **Céard a rinne siad gach lá?** *(What did they do every day?)*
5 **Ar thaitin sé leo?** *(Did they enjoy it?)*

FOCLÓIR

chun freastal ar *to attend*
bean an tí *woman of the house*
ag tabhairt aire *taking care*
i gcomparáid *in comparison*
turais *tours*

Oileáin Árann

Bhí turas eagraithe go dtí Oileáin Árann.
Tá trí cinn ann ach bhí an rang ag dul chuig
an gceann is mó, Inis Mór.
Fuair siad bus go dtí an bád farantóireachta.
Thóg sé uair an chloig ar an mbád.
Bhí an radharc ón mbád go hálainn.

Labhair gach duine ar an oileán Gaeilge leo.
Thug na múinteoirí ar shiúlóid iad timpeall
an oileáin.

Ansin chuaigh siad ar rothair chun Dún
Aonghasa a fheiceáil.
Ag a cúig a chloig, chuaigh siad ar an mbád
ar ais chuig an mórthír.

CEISTEANNA

1 Cén turas a bhí eagraithe? *(What tour was organised?)*
2 Cé chomh fada is a thóg sé ar an mbád?
   (How long did it take on the boat?)
3 Cén teanga a labhair gach duine ar an oileán leo?
   (What language did everybody on the island speak to them?)
4 Cár thug na múinteoirí iad? *(Where did the teachers take them?)*
5 Cén t-am a fuair siad an bád ar ais go dtí an mhórthír?
   (What time did they get the boat back to the mainland?)

FOCLÓIR

Oileáin Árann *Aran Islands*
eagraithe *arranged*
an ceann is mó *the biggest one*
labhair *spoke*
mórthír *mainland*

Cluichí Pobail

Beidh Scoil San Treasa ag dul san iomaíocht sna Cluichí Pobail an tseachtain seo chugainn.

Beidh na hardranganna ag glacadh páirte sa léim fhada, sa chaitheamh meáchain agus sna cianrásaí.

Beidh na meánranganna ag glacadh páirte sna rásaí sealaíochta, sna rásaí ráibe agus sna cliathrásaí.

Bhí siad ar fad ag traenáil go dian.

Déanann siad traenáil le Bean Uí Riain ag am lóin Dé Luain agus Dé Máirt agus i ndiaidh na scoile Déardaoin agus Dé hAoine.

D'éirigh go han-mhaith leo anuraidh.

Bhuaigh siad cúig bhonn óir agus trí bhonn airgid sa deireadh.

Bhí ceiliúradh mór ag an scoil ag an tionól.

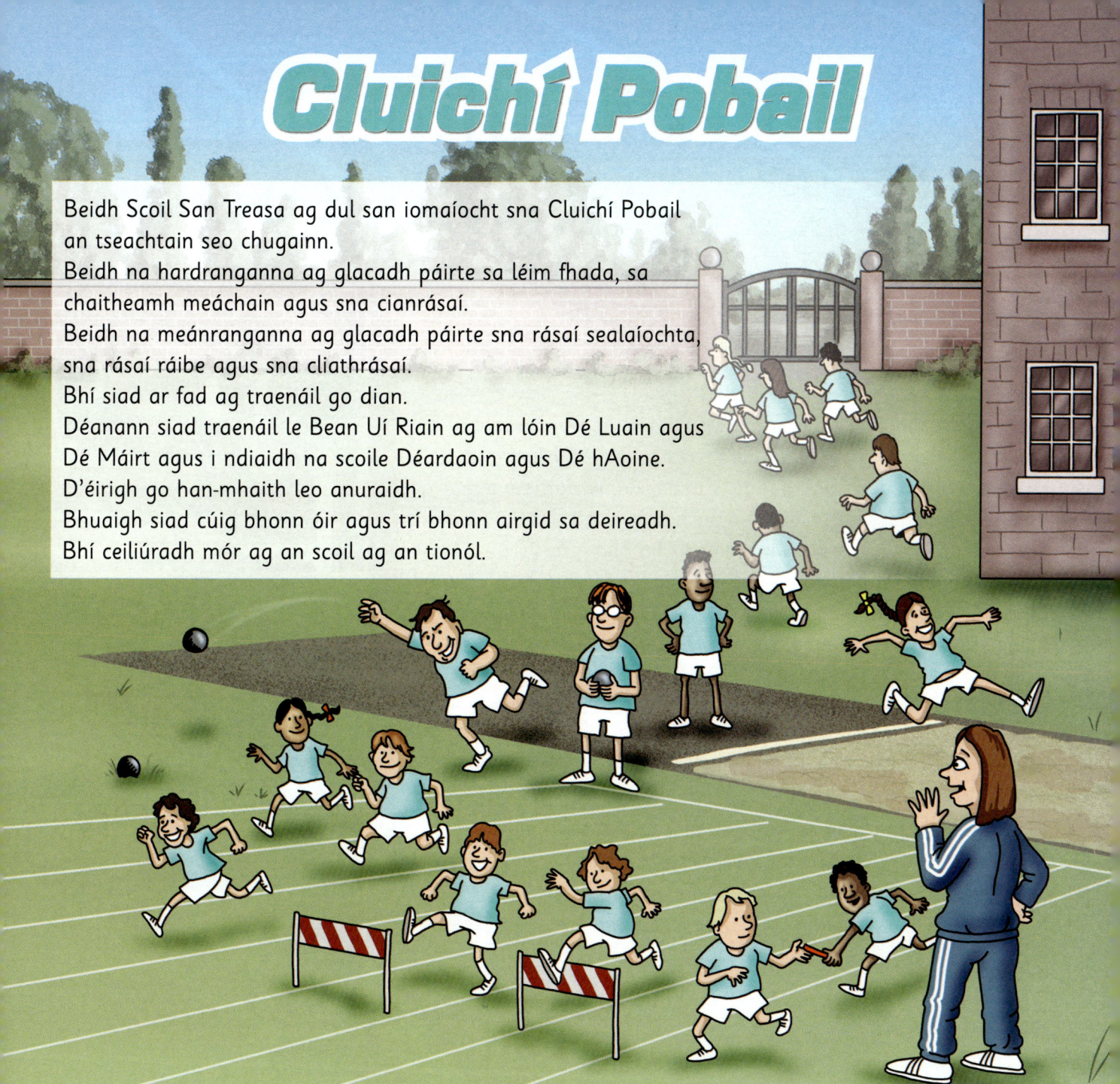

CEISTEANNA

1 **Cé a bheidh ag dul san iomaíocht sna Cluichí Pobail?**
   (Who will be competing in the Community Games?)

2 **Cé na rudaí a mbeidh na hardranganna ag glacadh páirte iontu?**
   (What will the senior classes be taking part in?)

3 **Cé na rudaí a mbeidh na meánranganna ag glacadh páirte iontu?**
   (What will the middle classes be taking part in?)

4 **Cén uair a dhéanann siad traenáil?** *(When do they train?)*

5 **Cé mhéad bonn a bhuaigh siad anuraidh?**
   (How many medals did they win last year?)

FOCLÓIR

cluichí pobail *community games*
ag dul san iomaíocht *competing in*
léim fhada *long jump*
caitheamh meáchain *shot putt*
cliathrás *hurdles*
rásaí sealaíochta *relay races*
cianrás *long distance*
rásaí ráib *sprinting races*
anuraidh *last year*
tionól *assembly*

Na Cluichí Oilimpeacha

Seasann na fáinní do na cúig phríomhréigiún sa domhan – an Afraic, an Áise, an Astráil, an Eoraip agus Críocha Mheiriceá. Piocadh gorm, dubh, glas, buí agus dearg do na dathanna mar go bhfuil ar a laghad dath amháin ó gach brat iontu sin.

Tá cineálacha éagsúla Cluichí Oilimpeacha ann: Cluichí Oilimpeacha an tsamhraidh, na Cluichí Oilimpeacha Speisialta agus na Cluichí Para-Oilimpeacha. Tá Cluichí Oilimpeacha an gheimhridh ann chomh maith.

Bhí na chéad Chluichí Oilimpeacha Speisialta ann i 1968 i Meiricéa.

Bíonn Cluichí Oilimpeacha an gheimhridh agus an tsamhraidh ar siúl gach ceithre bliana.

Bíonn na Cluichí Oilimpeacha Speisialta ar siúl gach dara bliain. Lastar an tóirse Oilimpeach cúpla mí sula dtosaíonn na cluichí agus fanann sé ar lasadh go dtí go mbíonn siad thart.

CEISTEANNA

1. **Céard dó a seasann na fáinní?**
   (What do the rings represent?)
2. **Cén fáth ar piocadh na dathanna do na fáinní?**
   (Why were those colours picked for the rings?)
3. **Cé mhéad cineál cluichí Oilimpeacha atá ann?**
   (How many types of Olympic Games are there?)
4. **Cén uair a thosaigh na Chéad Chluichí Oilimpeacha Speisialta?**
   (When were the first Special Olympic Games?)
5. **Liostaigh na cineál cluichí Oilimpeacha atá ann.**
   (List the type of Olympic Games that are on.)

FOCLÓIR

fáinní *rings*
príomhréigiúin *main regions*
ar a laghad *at least*
Cluichí Oilimpeacha Speisialta
Special Olympic Games
Cluichí Para-Oilimpeacha
Paralympic Games
Cluichí Oilimpeacha an gheimhridh
Winter Olympic Games
Cluichí Oilimpeacha an tsamhraidh
Summer Olympic Games
lastar an tóirse Oilimpeach
the Olympic torch is lit

Fógra do Choláiste sa Ghaeltacht

Coláiste Chiaráin, Conamara!

*Cúrsaí an tsamhraidh do pháistí bunscoile.
Deireadh seachtaine nó seachtain iomlán.*

Clár Ama

8:00–9:00	Bricfeasta le bean an tí
09:00–12:00	Ranganna: caint agus ceol
12:00–1:00	Am lóin
1:00–3:00	Cluichí – mar shampla, peil, leadóg, cispheil
3:00–5:00	Céilí i halla na scoile
5:00	Ar ais go dtí bean an tí
6:00	Am tae

*Beidh turais go dtí an trá, na sléibhte agus
an chathair ar siúl freisin.*

CEISTEANNA

1 Cad is ainm don choláiste? *(What is the name of the college?)*
2 Cá bhfuil an coláiste? *(Where is the college?)*
3 Cén t-am a bhíonn an bricfeasta ann? *(What time is breakfast?)*
4 Ainmnigh na cluichí a imríonn na páistí.
   (Name the games the children play.)
5 Cad a bhíonn ar siúl i halla na scoile?
   (What is on in the school hall?)

FOCLÓIR

cúrsaí *courses*
seachtain iomlán *whole week*

Rialacha na scoile:
Gaeilge, le do thoil!

Siúlóid sna Sléibhte

An samhradh a bhí ann. Ní raibh ach cúpla lá fágtha ar scoil. Bhí rang a cúig ar bís mar bhí siad ag dul, lena múinteoir, ar shiúlóid bheag sna sléibhte. Lá breá brothallach a bhí ann, nuair a d'fhág siad an scoil. Bhí mála droma ag gach duine. Bhí deoch agus bia istigh iontu.

Shroich siad barr an tsléibhe ar a leathuair tar éis a dó dhéag. Shuigh siad síos agus bhí picnic dheas acu. Ar a haon a chlog, thosaigh siad ag siúl abhaile.

Ní raibh siad ach deich nóiméad ón scoil nuair a thosaigh sé ag stealladh báistí. Thosaigh na cailíní ag screadáil agus ag rith. 'Na bígí ag rith!' arsa an múinteoir. Thosaigh na buachaillí ag gáire.

Nuair a shroich siad an scoil bhí gach duine fliuch báite. Bhí an-lá acu!

CEISTEANNA

1 **Cá raibh rang a cúig ag dul?** *(Where was fifth class going?)*
2 **Cén saghas lae a bhí ann?** *(What sort of day was it?)*
3 **Cathain a shroich siad barr an tsléibhe?**
   (When did they reach the top of the mountain?)
4 **Cad a tharla ar an mbealach abhaile?**
   (What happened on the way home?)
5 **Conas a bhí gach duine nuair a shroich siad an scoil?**
   (How was everyone when they reached the school?)

FOCLÓIR

mála droma *backpack*
ag stealladh báistí *lashing rain*
fliuch báite *saturated*

Ceolchoirm na Scoile

Bhí ceolchoirm ar siúl i Scoil Mhuire.
Chuir an príomhoide fáilte roimh an lucht féachana.
Thosaigh banna ceoil na scoile an cheolchoirm.
Chuaigh na naíonáin suas ar an stáitse.
Chan siad cúpla amhrán agus bhí siad go hiontach.

Ina dhiaidh sin chuaigh rang a haon go dtí rang a sé suas ar an stáitse.
Rinne siad dráma, chan siad amhrán agus bhí siad ag damhsa freisin.

Chaith na tuismitheoirí an oíche ag bualadh bos.
Bhí na páistí ar fheabhas agus bhí áthas an domhain ar na múinteoirí.

CEISTEANNA

1 Cé a chuir an cheolchoirm ar siúl? *(Who put the concert on?)*
2 Cé a thosaigh an cheolchoirm? *(Who started the concert?)*
3 Cé a chuir fáilte roimh an lucht féachanna?
  (Who welcomed the audience?)
4 Céard a rinne na naíonáin? *(What did the infants do?)*
5 Céard a rinne rang a haon go dtí a sé?
  (What did first to sixth class do?)

FOCLÓIR

an lucht féachana *the audience*

An Turas Scoile

Chuaigh rang a cúig ar thuras scoile an tseachtain seo caite.
Chuaigh siad ar an mbus go dtí Fóta i gCorcaigh.
Shroich siad an pháirc ar a deich a chlog.
Bhí mála droma ag gach duine agus bhí ceamara
ag an múinteoir.

Thosaigh siad ag siúl tríd an bpáirc. Bhí
mapa ina lámha acu.
Chonaic siad a lán ainmhithe agus éan
difriúil ar an tsiúlóid.
Thaitin an phéacóg go mór le na cailíní.
Bhí na dathanna difriúla go hálainn ar fad.

Ar a haon a chlog chuaigh
siad isteach sa bhialann.
D'ith siad lón blasta ansin.
Bhí gach duine lán agus sásta tar éis an lóin.
Thosaigh an rang ag siúl arís.
Ar a trí a chlog bhí sé in am dul abhaile.
Bhí na páistí tuirseach traochta tar éis an
lae ach thaitin an turas go mór leo.

CEISTEANNA

1 **Cathain a chuaigh rang a cúig ar thuras scoile?**
   (When did fifth class go on school tour?)

2 **Cá ndeacaigh siad?** (Where did they go?)

3 **An raibh ceamara ag na páistí?** (Did the children have a camera?)

4 **Ar thaitin an phéacóg leis na buachaillí?** (Did the boys enjoy the peacock?)

5 **Cad a rinne siad ar a haon a chlog?** (What did they do at one o'clock?)

FOCLÓIR

seachtain seo caite *last week*
péacóg *peacock*
tuirseach traochta *exhausted*
páirc fiadhúlra *wildlife park*

Laethanta Saoire ón Scoil

Tá an scoil beagnach críochnaithe,
is tá Amy beag ar bís.
Amach léi faoin aer,
ach isteach léi arís.
Tá an ghrian ag spalpadh go hard sa spéir,
Caithfidh sí a bheith cliste agus treoracha a Mamaí a leanúint go géar.
Cuireann sí uachtar gréine ar a corp,
is caipín ar a ceann,
Agus amach léi don lá,
í sásta agus slán!

Le Ellie Ní Mhurchú

GNÍOMH

Léigh agus foghlaim an dán. *(Read and learn the poem.)*

FOCLÓIR

beagnach críochnaithe *almost finished*	
faoin aer *outside*	**a bheith cliste** *to be clever*
treoracha *instructions*	**go géar** *closely*
uachtar gréine *suncream*	**caipín** *cap*
slán *safe*	

Cairde Nua

Bhí an chlann ag campáil sa Fhrainc.

Bhuail Rossa agus Clár le cairde nua nuair a bhí siad ann.

Isabelle agus Franco ab ainm dóibh.

B'as an Iodáil iad.

Cúpla a bhí iontu.

Bhí siad ar laethanta saoire lena dtuismitheoirí freisin.

Bhuail siad le chéile i ndiaidh an bhricfeasta gach lá.

D'imir siad cluichí le chéile gach maidin agus chuaigh siad ag snámh le chéile gach tráthnóna.

Gach oíche, bhí cluichí, físeán nó discó eagraithe ag an ionad campála do na páistí. Bhí an-spraoi ag na páistí.

CEISTEANNA

1 **Cá raibh an chlann?** *(Where was the family?)*

2 **Cé leis ar bhuail Rossa agus Clár?** *(Who did Rossa and Claire meet?)*

3 **Céard ab ainm dóibh?** *(What were their names?)*

4 **Cárbh as dóibh?** *(Where were they from?)*

5 **Céard a rinne siad gach lá?** *(What did they do every day?)*

FOCLÓIR

cairde nua *new friends*
an Iodáil *Italy*
cúpla *twins*

Club na bPáistí

Bhí Jack agus James ar laethanta saoire sa Phortaingéil. Bhí siad ag fanacht in óstán cois farraige. Bhí club na bpáistí ann gach lá.

Rinne siad drámaíocht, ealaín agus cluichí leadóige ann gach maidin. Gach tráthnóna chuaigh siad go dtí an linn snámha. Rith siad rásaí, nó d'imir siad cluichí póló uisce nó eitpheil.

Bhuaigh foireann Jack an comórtas eitpheile agus fuair sé bonn óir. Bhuaigh foireann James na rásaí sealaíochta agus fuair sé bonn óir freisin. Bhí na laethanta saoire thar barr!

CEISTEANNA

1 Cá raibh Jack agus James? *(Where were Jack and James?)*
2 Céard a rinne siad gach maidin? *(What did they do every morning?)*
3 Cá ndeachaigh siad gach tráthnóna?
   (Where did they go every afternoon?)
4 Céard a bhuaigh foireann Jack? *(What did Jack's team win?)*
5 Céard a bhuaigh foireann James? *(What did James's team win?)*

FOCLÓIR

sa Phortaingéil *in Portugal*
club na bpáistí *children's club*
drámaíocht *drama*
póló uisce *water polo*
eitpheil *volleyball*
foireann *team*
rásaí sealaíochta *relay races*
thar barr *excellent*

Scannán Taobh Amuigh

Bhí Maud ar bís. Bhí sí ag dul chuig teach a máthar baistí, Anna.

Nuair a shroich sí an teach dúirt a máthair bhaistí léi go raibh siad ag dul amach.

Bhí ciseán picnice i lámh amháin aici agus mála sa lámh eile.

Shiúil siad go dtí páirc a bhí in aice a tí.

Bhí slua mór ann mar bhí scannán ar siúl taobh amuigh sa pháirc an oíche sin.

Chuir Anna blaincéad agus cuisín síos ar an bhféar agus shuigh siad síos.

Thóg sí sailéad, cístí áille agus sú úill as an gciseán.

Thosaigh an scannán ag a hocht a chlog.

I ndiaidh an scannáin, shiúil siad ar ais go dtí teach Anna agus thug sí seacláid the do Maud roimh dhul a chodladh di.

CEISTEANNA

1 **Cén fáth a raibh Maud ar bís?** *(Why was Maud excited?)*

2 **Céard a bhí i lámha Anna?** *(What was in Anna's hands?)*

3 **Cár shiúil siad?** *(Where did they walk?)*

4 **Céard a thóg Anna amach as an gciseán?**
   (What did Anna take out of the basket?)

5 **Céard a rinne siad i ndiaidh an scannáin?**
   (What did they do after the film?)

FOCLÓIR

scannán taobh amuigh *outdoor film*
máthair bhaistí *godmother*
ciseán picnice *picnic basket*
slua mór *big crowd*
blaincéad *blanket*
cuisín *cushion*   **roimh** *before*